ヘミシンクによる
マインドフルネス瞑想

高次意識とともに物語をつくりあげる
「共創瞑想」のススメ

Shibane Hidekazu
芝根 秀和

ハート出版

はじめに

ヘミシンクを活用した誘導瞑想

私は現在、アメリカのモンロー研究所で開発された「**ヘミシンク**」という音響技術を活用したワークショップの公認トレーナー（ファシリテーター）をしています。

モンロー研究所は、ロバート・モンロー（1915～1995）によって1970年代に設立された非営利の教育・研究機関です。人間意識の探求を主な活動目的としており、ヘミシンクを活用した独自の教育プログラムの開催や、ヘミシンクを用いた専門機関との共同研究などを行っています。モンロー研究所は規定していませんが、研究領域としては、自己実現から自己超越（自我を越えた成長）を対象とする「トランスパーソナル心理学」に分類されます。

私は2007年からトレーナーの活動をしており、今まで延べにして1000人以上の人たちをファシリテートしてきました。

ヘミシンクのワークショップでは、主に**「誘導瞑想」**と言われる手法を使ってエクササイズを行います。

「誘導瞑想」は、英語ではガイデッド・メディテーション（Guided Meditation）と言います。言葉、音楽、効果音などのツールを使って、瞑想者の意識を瞑想状態に誘導します。それによって、瞑想状態に入りやすくなったり、より効果的な瞑想状態に導いたり、さらに、特定の瞑想状態を長く維持できるようになるなど、さまざまなメリットがあります。

ヘミシンクによる誘導瞑想の特徴を一言で言うと、言葉、音楽、効果音に加えて、「ヘミシンク」という音響技術を誘導ツールとして活用することで、さらに安全かつ効率的に瞑想状態に導くことができる、というものです。

マインドフルネス瞑想

瞑想には、さまざまな方法があります。仏教にも修行法の一つとして数多くのメソッドがあり、キリスト教やヨガなどにもたくさんの瞑想法があります。座る瞑想だけでなく、歩く瞑想や、手を動かす手動瞑想、食べる瞑想、呼吸の瞑想などもあります。祈りも瞑想です。ヨガのアーサナ（ポーズ）や太極拳なども、動中禅、あるいはダイナミック・メディテーションと呼ばれる場合もあります。

近年で有名なものでは、１９６０年代以降世界中に普及した、マハリシ・マヘーシュ・ヨーギーによる超越瞑想（ＴＭ）があります。

そして最近では「マインドフルネス瞑想」がブームになっています。

「マインドフルネス瞑想」は、ブッダが悟りを開いたと言われる「ヴィパッサナー瞑想」から宗教性を排し、エッセンスを残して現代人にも受け入れられやすいように装いを新たにすることで、広く普及しつつあります。ジョン・カバットジン博士やティク・ナット・ハン師などによって欧米を中心に広まり、日本でも取り組みが始まっています。

グーグルやインテル、マッキンゼーなどの企業では、社員研修プログラムの一環として取り入れられているほか、「マインドフルネス療法」として医療や心理療法の分野で活用されています。また、２０１２年には、アンディ・プディコム氏による毎日10分間の瞑想をサポートするモバイルアプリ「ヘッド・スペース」が登場し、爆発的にダウンロード数を伸ばしているようです。

自分に適した瞑想法は？

　これらの瞑想法に比べて、ヘミシンクを使った誘導瞑想のエクササイズは、モンロー研究所のある本場のアメリカや欧州では知名度はあるものの、日本ではまだまだ一部の人にしか知られていません。

　瞑想法にはそれぞれ特徴があります。どれが優れている、というものではなく、どれが自分にフィットしているか、ということだと思います。私の場合、いろいろ試した末に「今の自分にはこれが一番フィットしている」と思ったのがヘミシンクでした。

　よく言われる例えですが、登山道は違っても、目指す頂上は同じ。私にとってはヘミシンクという登山道が一番登りやすかったのです。

　私は学生時代から、座禅や瞑想をかじってきました。社会人になってしばらく中断していましたが、40歳頃から再開しました。しかし、どれも長続きしない。飽きてしまう。しばらくすると、もっと別のやり方があるじゃないか、別の瞑想法を試してみようと〝迷走〟してしまう。

　私のようなケースは、決して特殊ではないと思います。多くの方が、似たような経験をされているのではないでしょうか？

さまざまな試行錯誤と迷いの中で、最後にモンロー研究所とヘミシンクを使った誘導瞑想と出会い、これにハマりました。これは面白い！　これなら私にもできる！　続けられる！と。

モンロー研究所とヘミシンク

モンロー研究所では、5泊6日の合宿形式でのエクササイズを公式プログラムとして、米国ヴァージニア州にある施設を中心に世界中で開催しています。日本でも年に7回〜8回実施されています。日帰りで体験できるコースもあります。また、ヘミシンクCDの販売も行っており、だれでも手軽にヘミシンクを使った誘導瞑想を試すことができます。

私も数多くの公式プログラムや日帰りのコースに参加し、自宅でもCDを使った誘導瞑想に取り組みました。トレーニングを続け、自分なりに効果的な瞑想方法のコツをつかみ、成果が上がるようになり、そして今では前述のように、モンロー研究所公認アウトリーチ・ファシリテーターとして、ヘミシンクというツールの使い方をお伝えする役割を担っています。

日本では、モンロー研究所公認レジデンシャル・ファシリテーターの資格をもつ坂本政道さんが代表を務めるアクアヴィジョン・アカデミーが中心となって活動しています。私もアクアヴィジョンに所属するトレーナーの一人です。

ヘミシンクに活かせるマインドフルネス

自分でトレーニングし、他の人にも伝えるようになってから、新たにわかってきたことがあります。

それは、ヘミシンクによる誘導瞑想の体験をさらに深めていくためには、「マインドフルネス瞑想で培われる〝**観察力**〟〝**自覚力**〟が不可欠」だということです。観察力・自覚力を別の言い方にすると、〝**気づき**〟です。気づく力を高めることで、誘導瞑想の体験はさらに進んでいくのです。そのことを実感するようになってきました。

また、5泊6日のモンロー研究所公式プログラムは、自然環境豊かな場所での合宿形式が中心ですが、そのような非日常的な状態から戻ってきたとき、そこで得たものをその場限りで終わらせず、日常生活の中で活かしていく――そのためにも、〝気づきの力〟が必要です。

さらに、これはどの瞑想法でも起こることですが、ある程度進んでいくと、瞑想による好転反応が現れたり、成長が後退しているような状態になったり、自我が肥大して独善的になってしまったりすることがあります。そのようなとき、正しい道にもどるために欠かせないのが〝気づく力〟です。そのような状況に陥っていることに自ら気づき、正していく。自分で気づかなければ、正すものも正せません。

ヘミシンクによる誘導瞑想を続けていく過程で、このようなことに気づいてきました。そして、ヨガのトレーニングやホ・オポノポノ、マインドフルネス瞑想なども試み、それらの中から自分に必要だと思われるものを取り入れて実践しています。

マインドフルネスに活かせるヘミシンク

一方、逆にヘミシンクをツールとしてうまく使えば、マインドフルネス瞑想にも活用することができる、ということもわかってきました。

たとえば、あらゆる瞑想法の基本として、心身ともにリラックスすることがあげられます。ヘミシンクには心身をリラックスした状態に誘導するための周波数とサウンドパターンが用意されています。集中力や注意力を高め持続するためのパターンもあります。さらに、体は眠るほどリラックスしているが意識は目覚めている状態（モンロー研究所では「フォーカス10」の状態といいます）や、知覚や気づきの拡大した状態（「フォーカス12」）など、瞑想に役立つさまざまな周波数とサウンドパターンが特定されています。

「いつも〝私〟と今ここ」で生きるために

瞑想にはさまざまな定義がありますが、私は「心のトレーニング方法」だと思います。

私たちには「心」と「体」があります。病気に強い健康な「体」を作り、維持するために、肉体のトレーニングをします。ジムに通う、ジョギングやウォーキングをする、ヨガ教室に通う、健康体操をする……。健康のために食事に気を使う、といったことも、体のためのトレーニングの一種です。アスリートであれば、もっと過酷なトレーニングをするでしょう。

「心」の場合も同様に、トレーニングが必要です。そして、心をトレーニングする方法の一つが、瞑想なのです。


では、瞑想というトレーニングは、どのような「心の状態」になることを目指しているのでしょうか。マインドフルネス瞑想では、「今この瞬間に心を集中させ、判断をしないでありのままを観察する」と言われています。あるいは、「今この瞬間に気づき目覚める」「今この瞬間に心を置く」「瞬間、瞬間、今という時間に気づくこと。好奇心や親切な心、思いやりの気持ちに満ち溢れているもの」などと言われています。

私は、超シンプルに**「いつも、今ここ」**の状態、と理解しています。「いつも、今ここ」の状態で居られるためのトレーニングが「瞑想」であると。

「いつも、今ここ」——過去や未来ではなく「今」、あっちやこっちではない「ここ」——「今ここ」に意識がフォーカスされている。「いつも、今ここ」の状態で感じ、考え、経験し、行動する。「いつも、今ここ」の状態であれば、いつでも**「本来の自分」**を表現することができます。「本来の自分」で「いつも、今ここ」に生きる——私は短縮して、**「いつも〝私〟と今ここ」**に生きる——と言っています。

「いつも〝私〟と今ここ」のトレーニングをしている人は、ストレスに強いです。たとえストレスにさらされても前向きに解決し、平和な状態に戻ることができます。悩みや苦しみ、落ち込みからすぐに回復し、心の平和を取り戻すことができます。

ときには心がひどく傷ついたり弱りすぎたりして、回復しにくくなることがあるかもしれません。そういうときは「癒し」や「ケア」が必要です。でも、癒しにばかり頼っていてはダメです。依存から自立へと成長していくのが人間です。自力のトレーニングは欠かせません。

「いつも〝私〟と今ここ」であれば、思いやりや共感する心が養われ、人間関係もスムースになります。「いつも〝私〟と今ここ」で生きている人の周りには、自然と平和の輪が広がります。

「いつも〝私〟と今ここ」のトレーニングをすると、集中力や記憶力が高まり、仕事や勉強がはかどるようになります。直感力や創造力が高まり、個性的でクリエイティブな生活を送ることができます。

コツは自分でつかむ

トレーニングは実践です。やり方が分かっただけでは何にもなりません。誰かに代わりにやってもらうこともできません。自分で実践し、繰り返し練習し、身につけていくものです。教えてもらって、その通りにやったからといって、うまくできるとは限りません。コツは自分でつかむしかないのです。そういう意味で「自己流」に勝るものはないと思います。「我流」ではなく、謙虚な「自己流」。

私も、まだ道半ばですが、「いつも〝私〟と今ここ」の状態をキープできるよう、それを目指して日々トレーニングしています。

本書は、次のような章立てになっています。

◆第1章は、私がモンロー研究所とヘミシンクに出会うまでの、瞑想遍歴ならぬ〝迷走〟遍歴です。私だけでなく、瞑想を実践したことのある人には、少なからず**三日坊主**の経験があるのではないでしょうか。気楽に読んでください。

◆第2章では、ヘミシンクを使った誘導瞑想とはどのようなものか――私の体験を交えながらお伝えします。私は瞑想や誘導瞑想について、誤解していました。その誤解を解いていくプロセスをお話しします。

◆第3章では、ヘミシンクやモンロー研究所の基礎知識をお伝えしたあと、ヘミシンクを使った誘導瞑想のメソッドとテクニック――そのエッセンスをご紹介します。私が**「共創瞑想」**と呼んでいるものです。ヘミシンクの特徴と素晴らしさをご理解いただければ幸いです。あわせて、ヘミシンクにマインドフルネスはどのように活かせるのか、ということについて説明します。

◆第4章では、「共創瞑想」の体験事例を6つご紹介します。6ケースとも私が実体験したものです。それは、**「本来の自分」**を思い出すためのプロセスでした。

◆第5章では、私の視点から、瞑想やマインドフルネスについて整理します。そして、マインドフルネスにヘミシンクがどのように活かせるのか、ということについて提案します。私の体験からも、併用が可能――いえ、極めて有効だと思っています。

◆第6章では、**「いつも〝私〟と今ここ」**で生きるために、瞑想体験を日常生活にどのように生かしていくか――私の仮説についてお話しします。

本書でお伝えしたいことは以下の2つです。

①マインドフルネス瞑想をはじめ、さまざまな瞑想に取り組んでいる方に、ヘミシンクを使っ

た誘導瞑想の魅力をお伝えしたい。こんな面白い方法もあるんだ！ということを知っていただければ幸いです。そして、ひとりでも多くの方にヘミシンクを体験してもらえれば、と願っています。

②すでにヘミシンクに取り組んでいる方には、マインドフルネスの活用を、ぜひともおススメしたい。マインドフルネス瞑想にもいろんな種類があるので、自分に適したものを選んでいただければと思います。

瞑想という心のトレーニングに取り組んでいる仲間たちに、本書がすこしでもお役にたてれば幸いです。

芝根秀和

「ヘミシンクによるマインドフルネス瞑想」◆目次

第3章　ヘミシンクによる「共創瞑想」——共に物語を創りあげる／100

第4章　私の「共創瞑想」体験——本来の自分を思い出すプロセス／178

第1章　私の〝迷走〟遍歴――ヘミシンクに出会うまで

初めての座禅体験――とにかく足が痛かった

高校生のころ、数人の友人といっしょに、故郷岡山の禅寺で、座禅合宿に参加したことがあります。初参加でした。ずいぶん昔のことなのですが、とにかく足が痛かったこと、ルールが厳しくて窮屈だったこと、お坊さんが怖かったことが思い出されます。

なぜ座禅合宿に行こうと思い立ったのか？　友人に誘われたのがきっかけでしたが、当時の私は「禅宗」や「禅僧」などに憧れていました。「悟り」とか「覚者」といった言葉、心の状態に好奇心がありました。西田幾多郎の『善の研究』や鈴木大拙の『禅とは何か』を、難解でよく理解できないのに、読んで（読もうとして）いました。

その禅寺は全国的にも有名らしく、たくさんの座禅体験者を受け入れていました。この時も20

人〜30人くらいが参加していたと思います。（物好きな？）高校生は私たちだけでしたが。

朝起きて、6時から1時間の座禅、読経、掃除、8時からやっと朝食。作務のあと座禅、昼食。夕方から座禅、夕食、法話、座禅、9時には消灯。

座るのは結跏趺坐。それができなければ半跏趺坐。座っている間、とにかく足が痛い、痺れる。痒い。眠い。痛い。眠い。

警策《きょうさく》を持って歩いているお坊さんが恐ろしい。実際に叩いてもらうと、痛くはありません。痺れが取れたり、一瞬ですが眠気が失せたりします。しかし、見張られているようで、怖い。

食事はもちろん精進料理。これも修行で作法が厳しい。のんびり食べるわけにはいきません。話はしない、音はたてない（食器の音もダメ。噛む音もダメ）、食後のお椀はお湯ですすいで飲み干す（食器は洗わない）……。絶対的に量が少ないですから、食べ盛りの高校生にとっては腹が空いてしかたない。

清掃中も、誰かに見張られているような気がして、ビクビク。どこからか「喝ーッ！」と、叱られるんじゃないかと……。そんなことあるわけないのに、勝手に妄想して怖がっていました。

たったの2泊3日でしたが、参りました。がっくりです。挫折感。

リバウンド（？）がありました。合宿が終わって帰り道に、フラフラっとお好み焼き屋さんに入り、そば2玉入りのモダン焼きとライス大盛りをペロリ。あちゃー。

お寺には、私たちと同年代と思われる若い小坊主さんもいました。このような厳しい修行生活を365日続けているのか……。偉い。しかし自分には……無理。難しい。根性がないなあ、と自責の念。

「修行」というものに対する憧れと、おそらく自分には耐えられそうにない、と思う弱さの自覚――私の、初めての瞑想体験でした。

『燃えよドラゴン』――拳禅一如？

大学生になって、クラブ活動で「少林寺拳法」を始めました。毎日2時間の練習をする体育会系の運動部。中学から高校にかけては柔道部でしたが、なぜ大学に入ってから少林寺拳法に鞍替えしたのか――理由は簡単。浪人時代に観た映画『燃えよドラゴン』の影響です。

『燃えよドラゴン』は、1973年に公開されて世界的に大ヒットしたカンフー・アクション&

スパイ・サスペンス映画です。麻薬製造の大ボスと噂される人物の正体を暴くため彼の要塞島で開かれる武闘大会に参加する少林寺の高弟リー。復讐、裏切り、陰謀……。故ブルース・リーの最高傑作アクションと言われています。

とにかく主演のブルース・リーがカッコよかった。その年の新入部員数は過去最高だったとのこと。少林寺拳法部だけでなく、空手や日本拳法など打撃系の武道全般に人気が集まりました。それほど『燃えよドラゴン』の影響力はすごかった。

当時は極真空手も人気で、打撃系の武道を志す若者の憧れでした。しかし、極真空手はフルコンタクト系という、顔面と急所以外は殴る・蹴るＯＫという実戦ルール。これは痛い。とても無理。と、軟弱に（？）諦めました。

少林寺拳法は、宗道臣という日本人が創始した武道で、本部は香川県の多度津町にあり、少林寺拳法グループの中には金剛禅総本山少林寺という宗教法人もあります。

教学と修行体系がビシッと整備されています。教学でいうと、たとえば「拳禅一如」――心と体は二つで一つであり、拳法と座禅の両方を修行しなければならない。「力愛不二」――愛のない力は暴力であり、力のない愛は無力である。などなど。

修行体系は、三鼎（亭）、三法、二十五系、六百数十の技に分類され、主に打撃系の剛法と、投げ技・固め技などの柔法、整体・整骨などの整法という３つの体型にまとめられています。理屈っぽい私には向いていました。

とは言うものの、われわれ『燃えよドラゴン』世代(?)は、派手な打撃系の技ばかり練習していました。「拳禅一如」と言っても、ほとんど座禅はやりません。練習を始める前と終わりに、ほんの1分間ほど足を組んでいるだけ。

座禅もいいのですが、無心で体を動かし、汗を流すのもいいものです。「ランナーズハイ」や「ゾーン」という現象もあります。これもひとつの瞑想状態ではないでしょうか。基礎練習で同じ動作を繰り返しているとき、そのような状態になることがあります。また、試合中に思わず体が反応して技を繰り出して勝てた、というのも一種の瞑想状態で、「今だ!」という直感が働いているのかもしれません。

練習のとき、漫然と技を繰り返していたのでは上達しません。一つ一つの動作を点検しながら意識的に練習することで、正確な技が身についていきます。たとえば拳で突くとき、踏み出し、腰の回し、肩の入り、拳の角度など、それぞれ確認しながら、それでいてスピーディに。――これも、観察する、自覚するというマインドフルネスのトレーニングになっているではないでしょうか。

少林寺拳法部には、2年間在籍しました。准拳士(初段)にも合格し、全道(札幌の大学でした）の新人戦で個人入賞したこともあります。

退部した後、文化会系の座禅研究会に入ってみたことがあります。しかし、これはダメでした。同好会的なサークルで、特に指導者がいるわけでもなく、週に一度、皆で集まって1時間ほど座禅を組むだけ。相変わらず足が痛いだけで、私には面白く感じられません。数回参加しただけでやめてしまいました。

しかし、座禅や瞑想などの修行に対する憧れだけは持ち続けていました。

3年間の読経修行——量質転化

大学時代、クラブ活動をやめたあと、ある宗教団体に所属し、3年間の読経修行をしたことがあります。

実は、大学に入学して最初の2年間、登校拒否のような状態になっていました。クラブ活動の少林寺拳法はやっていたのですが、まったく授業に出ていなくて、留年していました。目的を見失っていました。どうしても授業を受ける気がしない。気力が出てこないのです。朝起きられない。目が覚めると夕方で、クラブ活動に行って、終わったらアパートに帰る、というような生活でした。

私は何のために生まれてきたのか……人生の目的がはっきりしないと、一歩も前に踏み出せない、と思っていました。

何か自分を変えるきっかけが欲しい……そんな思いから、哲学書や宗教書、心理学の本などを読み漁っていました。

占いに凝っていた時期もあります。姓名判断、方位学、四柱推命、易、西洋占星術……。何をやったらいいのか。どんな職業に向いているのか。どうやったら運命を変えられるのか。名前を変えたらいいのか、方角が悪いのか、いつになったら運が向いてくるのか……。しかし、占いは、人生の目的や生まれてきた意味を教えてくれるわけではありません。それは自分で見つけるしかありません。しばらく凝っていましたが、ある時バッサリ、占いの本は捨ててしまいました。

「自分を変えたい！　変える！　そのために何かを始めよう！　考えるだけじゃダメだ！　行動だ！」――そう決意するまでに2年かかりました。「人生の目的がわからなくても生きていける」と開き直ったのです。人生は自分が選択する。何を選択していくか……選択し選択し選択し続ける……その積み重ねが人生。

授業にも出始めました。そして、同時に始めたのが、読経修行でした。

1日の修行時間は20分くらい。印を組んだり真言を唱えたり、般若心経などを唱える。3年間1日も欠かさず。もし1日でも休んだら、1日目からやり直し。振り出しに戻る。

私にとって、自分を叩き直すには良い修行でした。とにかく続けること。ともすれば「今日はサボりたい」という誘惑に負けそうになる。「何でこんなことやっているのか」「やる意味はあるのか」「もっと別の方法論があるのではないか」……いくらでも「巧妙な言い訳」を思いついてしまいます。そういう自分との戦い。

学生時代なので、誘惑は多いです。突然下宿に友達が酒ビンを持って泊まりにくる。みんながドンチャン騒いでいる、その隣でお経を唱える。クラブ活動の合宿先で、皆が寝静まってから始める。時にはトイレやお風呂でも。朝起きてすぐにやればいいものを、ダラダラと先送りして結局夜中になってしまい、あくびをかみ殺しながらやっている……。

それでもなんとか3年間やり終えました。やり終えたという達成感がありました。千日回峰行などの荒行に比べたら比較になりませんが、私にとっては修行の第一歩。飽きっぽい性格で、何事も中途半端に終わったり、途中で投げ出したりする悪弊は、少しは改善されたようです。

今から思えば、真言を唱えたり読経をしている最中に、一種の瞑想状態を体験していました。

雑念がなく、唱えることだけに集中している……。しかし、当時の私にとっては、そんなことよりも、とにかく1日も欠かさず3年間やり遂げるということの方が重要でした。

「続けること」は、それ自体に価値のあることだと思います。続けていれば、いつの日か「量が質に転化」するときがやってくる。

それと、今になって思うのですが、私の場合、「只管打坐」――「ただ、ひたすらに坐る」といった動きのない座禅スタイルだと長続きしませんが、真言を唱えたり読経するといった、動きのあるアクティヴな方法であれば続けられそうでした。

超越瞑想（TM）――飽きてしまった

大学を卒業して社会人になってからは、瞑想からは遠ざかっていました。仕事が忙しかったことと、結婚し子供もできて家庭を持ち、それどころではありませんでした。ときどき思い出したように心理学や仏教関係の本に目を通す程度で、実践やトレーニングはまったくやっていません

でした。

40歳のころ、当時勤めていた会社の組織変更の影響で、1年から1年半くらいの間、一時的にポコッと暇になったことがありました。そのとき、今までの反動がやってきました。たまたま手にした故船井幸雄氏の本を読んだことがきっかけで、そこから芋づる式にさまざまな本を読んだり、読んだ本の著者の講演会やセミナーに出席したりし始めたのです。「精神世界」という分野に関心が移ったのもそのころです。

「精神世界」は、まさに玉石混合。書店のコーナーを見ても、さまざまなジャンルの本が並んでいます。ニューエイジ、ニューサイエンスから、ユング心理学やトランスパーソナル心理学、前世療法、量子物理学、瞑想、ヨガ、東洋思想、神秘主義、スピリチュアル、心霊、霊能、チャネリング、占い、占術、さらにはＵＦＯや宇宙人、超古代史……。

これらの中で、実践したものの一つに、「超越瞑想」があります。

超越瞑想（ＴＭ＝Transcendental Meditation）は、インド人のマハリシ・マヘーシュ・ヨーギーによって創始され、１９６０年代以降世界中に普及しました。有名ですし、たくさんの本が出版されていますので、詳しくはそちらをご覧ください。

私が魅かれたのは、実践が「手軽で簡単」ということでした。それと、宗教性や思想性の影響を受けることなく、純粋に「瞑想の技術」だけを学べることも魅力でした。１日２回、朝夕20分ずつ、個人ごとにもらったマントラを心の中で唱えるだけ。シンプル。私にとって他の何より良かったことは、「椅子に座ってＯＫ」ということ。足を組まなくていい。

これは簡単。必ず続けられる、と思いました。しかし、実際にやってみると、意外と難しい。暇なときならいいのですが、ちょっと忙しくなるとダメでした。朝はギリギリまで寝ていて、起きるとアタフタ出勤し、帰宅するのは終電かタクシー帰り。会社の中で瞑想するのはまず無理。タクシーの中でやったり、座れれば電車の中でやったり……。なかなか習慣化できません。

それでも学生時代にやった3年間の読経修行を思い出し、とにかく続けようと頑張りました。最初は新鮮でした。ときどき瞑想センターにも行って、グループ瞑想をしたこともあります。瞑想のあとは、穏やかで落ち着いた気持ちになります。生活にも仕事にも余裕が感じられるようになります。

しかし、続けているうちに慣れが生じてきます。惰性的になってきます。シンプルなものほど慣れやすい。何のために瞑想しているのか、目的を見失いがちになります。目に見える進歩がない。どんどん雑念が出てくる。やり続ければ、いつかはブレイクスルーがあったのかもしれませんが……。

また人事異動があり、こんどは超多忙な日々を送ることになりました。朝帰り、泊まり込み、管理職にもなったので、仕事の面でも人間関係でもストレスも多く、瞑想どころではなくなってしまいました。本来なら、こういうときこそ瞑想は有効なのですが、しだいに遠のき、ついには全くやらなくなってしまいました。

瞑想とは何か？――まったくの誤解

当時の私は、瞑想によって得られる心の状態、瞑想の目的というものを、漠然としか考えていませんでした。無我の境地、無念無想、無心、純粋意識……。

そして瞑想をしている最中は、「何も考えない」ようにする必要がある、と思っていました。雑念が湧いてきたらダメ。妄想に陥ったらダメ。思考を止める。感情を止める。そのために、呼吸を数えたり、マントラを唱え続けたり、マンダラをイメージしたりする。集中する。雑念が湧いてきたら、また呼吸やマントラ、マンダラに注意を戻し、集中する。

まったく誤解していました。そんなこと、できるわけがありません。できない。無理だ。昨日はできたと思ったけど、今日はダメ。いつまで続ければできるようになるのか……。

超越瞑想（TM）をやめてしまったのも、こういう誤解があったからです。目指しているものが間違っているのですから、挫折して当然です。

人間は、考えます。感情もあります。何も考えない、無反応というのは、人間ではありません。刺激があれば反応します。地球上のどんなところに住んでいても、外からいろんな刺激がやってきます。それらに対して反応するのは自然なことです。

生きていれば、腹の立つこともあれば、悲しいこともあります。楽しいとき、幸せなときもあれば、苦しいとき、悩んでいるときもあります。感情という心の働きを通して、私たちは人生を経験しています。

私たちは、学び、考え、何かを創造しています。問題が起これば解決しようとします。生きるためには思考することが必要です。思考は、心の本質と言っても過言ではありません。

大切なことは、どういう意識状態で感情と向い合うか、受け止めるか、ということです。そして、どういう意識状態で考え、反応し、行動するか。

「瞑想＝何も考えないこと」「瞑想＝無心」というのは、私だけでなく、おそらく瞑想にまつわるもっともよくある誤解のひとつだと思います。

お恥ずかしい話ですが、この誤解が完全に溶けたのは、今から数年前のことです。モンロー研究所のヘミシンクを使った誘導瞑想に出会い、プログラムに参加し、意識の探求を続け、そしてトレーナーになって他の参加者に教え始めて……やっと気がつきました。

誘導瞑想の世界に没頭していても、常に「もう一人の自分」の意識を保ち、よく観察し、変化に気づくこと、自分のやっていることを自覚していること――没頭している自分と、それを観察している自分がいる――こういう意識状態になれたとき、誘導瞑想もうまくできるのです。

そして、自立した**「もう一人の自分」**の意識が育ったとき、**「本来の自分」**との継続的な関係が確立できるのです。

しかし、ヘミシンクによる誘導瞑想を始めた当初は、そういうことはまったく知りませんでした。それでも、ヘミシンクの面白さにのめり込んでいきました。

モンロー研究所のことを知る

精神世界系の書籍を読み漁る中で、1998年ころ、ある本の中で「モンロー研究所」のことを知りました。米国ヴァージニア州にあるモンロー研究所を訪れてプログラムを受けた時の体験記でした。面白い！　好奇心を刺激されました。

その本の中でモンロー研究所は、「体外離脱」の研究をしていると紹介されていました。体外離脱は「臨死体験」の最中に起こる現象として知られています。全身麻酔や心拍停止で意識不明になったとき、ふと気づくと天井に浮かび上がり、ベッドに寝ている自分の姿を見下ろしていたり、手術中の様子を眺めていたりする。さらには、光体験、至高体験、人生回顧などの体験を伴う……。

しかし、「ヘミシンク」という特殊な音をヘッドフォンで聴けば、臨死体験をしなくても、誰でも簡単に体外離脱ができて、離れたところに行ったり、死後の世界を探索したり、光の存在に出会ったり、過去や未来を探索することができる。瞑想や座禅、ヨガなどを長年修行してきた人の悟りの世界や、生まれつき超常的な能力のある人しか体験できないようなことが、いとも簡単にできてしまう……夢のような技術だと、紹介されていました。

眉唾ものではないかと疑いましたが、調べてみるとそうでもない。ＮＰＯ法人のちゃんとした研究所で、教育機関や医療機関などとの学際的な共同研究もやっている。

創設者であるロバート・モンロー（１９１５年〜１９９５年）は、43歳の時に偶発的に体外離脱を体験したことがきっかけで研究を開始し、実業家から転身し、私財を投じて研究所を設立。「ヘミシンク」という音響技術を開発し、特許を取得。

モンローの個人的な体験は、『体外への旅』（１９７１）、『魂の体外旅行』（１９８５）、『究極の旅』（１９９４）として出版されています。１９７０年代前半に、初期の研究グループからモンロー研究所が生まれ、１９７９年に現在の場所（ヴァージニア州フェイバー）に恒久的な研究・研修施設が建設されました。

体外離脱は研究のきっかけになっただけで、いまでは研究対象の一つにすぎないこともわかりました。ヘミシンクを使うことで、体外離脱をしなくても、人間の意識をさまざまな状態へと誘導することができる。たとえば、深くリラックスした状態、睡眠、瞑想、知覚の拡大した状態、至高体験など、通常とは異なる**「変性意識」**といわれる状態。これらを応用すれば、心身の健康や、集中力、学習能力の向上、直感力、創造性の開発、知覚の拡大、瞑想状態などへの誘導が可能になる……。

モンロー研究所に行けば、一週間のプログラムでヘミシンクを体験できる。ヘミシンクの周波数の入ったＣＤも市販されていて、自宅で聴くこともできる。

憧れました。それまでに座禅や瞑想などをかじっては挫折していたので、「聴くだけで簡単に……」というフレーズに魅了されました。いま思えば「甘い！」のですが……。そして何より「自分で直接体験できる」のが魅力でした。本で読んだり人から聞いたりするだけではない。自分で体験できる。

憧れましたが、そのころはまだサラリーマンでしたし、家族を放り出して一人だけ一週間も休暇を取るなんてことは、ほとんど不可能だと思っていました。

ヘミシンクのCDは購入しました。「メタミュージック」というジャンルのCDを2枚。メタミュージックとは、インストゥルメンタルの音楽（歌の入らない演奏）にヘミシンク周波数がブレンドされたものです。曲を覚えてしまうくらい何度も聴きました。しかし、曲自体は好きでしたが、ただ聴いているだけでとくに何の変化も感じられません。リラックスはできました。聴いているうちに寝てしまうことが多々ありました。

当時はまだ、誘導瞑想用のCDがあることすら知りませんでした。あとからわかったのですが、そのとき購入したCDは、リラクゼーション用の周波数が入っていたもので、眠くなるのは当然でした。そのうち飽きてきて、しだいに聴かなくなってしまいました。

ヘミシンクは「ただ聴いているだけでいい」というものではありません。意識の誘導はしてくれますが、そこから先は自分で自分を導いていかなければなりません。しかし当時は、「聴けばヘミシンクが何か変化を起こしてくれる」と誤解していました。受け身の状態でした。

ヘミシンク体験セミナーに申し込む

２０００年の秋、サラリーマンをやめて独立しました。１９８０年に25歳で大学を出たあと、何度か転職はしましたが、独立したのは初めてでした。45歳。独立後、仕事が安定するまでに３年ほどかかりました。仕事が回り始めてしばらくすると、精神的にも余裕がでてきました。

２００４年の春頃、仕事仲間の友人が「入学試験に合格したので大学院に行く」と言い出しました。「えーっ！　マジで？」ビックリしました。彼は私と同い年で、10人程度の従業員を抱えるソフトウェア会社の社長です。私以上に超多忙なのに……。

刺激になりました。背中を押されたような気がしました。実は私も似たようなことを考えていたのです。「これから2年間を、勉学の時期にしたい」と思っていました。彼の影響を受けて私も決心し、実行に移すことにしました。大学に入り直す気はありませんでしたが、とにかく勉強する。それも、独学ではなく、どこか先生のところに習いに行く。もちろん仕事をしながら、です。充電期間。学びの期間。後半生に向けた準備期間――そのように思い定めました。

では、何を勉強するのか。――迷わず、私は「心」をテーマにしようと思いました。そして「心理学を一《いち》から体系的に学ぼう」と決めたのです。

学生時代に専攻はしていませんでしたが、心理学には昔から興味がありました。特にユングの分析心理学は大好きでした。原書の翻訳本は難しいので、主に河合隼雄さんの本を読みました。集合無意識、普遍的無意識、元型、個性化、象徴、コンプレックス、シャドウ、シンクロニシティ……魅せられました。

大学を卒業したあとも、ときどき心理学系の本を読んでいました。ビジネス書や仕事関係の資料を読んでいると、なぜかある時期、急に心理学の本を読みたくなるのです。

そのようなことから、「一番好きなことを勉強しよう」と思ったとき、迷わず「心理学」を選びました。

しかし、堅苦しく勉強するつもりはなかったので、以前から知っていた日本メンタルヘルス協会（代表：衛藤信之さん）の講座に申し込みました。生徒は比較的若い人が多く、熱気にあふれていました。２００４年の５月から通い始め、２００５年の８月に修了するまで、週一回のペースで受講しました。

「トランスパーソナル心理学」という学問領域があることを知ったのも、日本メンタルヘルス協会の講座を通してでした。トランスパーソナル心理学は、１９８０年代の前半に、吉福伸逸さんらによって日本に紹介された、第四勢力と呼ばれる最先端の心理学です。そのころ私はすでに社会人になっていたので、学ぶチャンスはありませんでした。トランスパーソナル心理学を知ったのは、その後の私にとって、非常にプラスになることでした。

２００４年の春、心理学の講座に通い始めたころ、日本でもヘミシンクのセミナーを体験できる、という情報を得ました。「これは受けねばなるまい！」と、さっそく申し込みました。開催は２００４年８月。

そして、セミナーの日が来るのを心待ちにしていました。

しかし、それは長い道のりの始まりでした。私はヘミシンクによる「誘導瞑想のコツ」をつかむまでに、２年近くかかったのです。

その間の試行錯誤の記録を、拙著『**あきらめない！　ヘミシンク**』（ハート出版）にまとめました。次の章では、同書の中から誘導瞑想に関する部分を中心に、要約してお伝えします。

第2章　私のヘミシンク体験——コツをつかむまで

初めてのヘミシンク誘導瞑想体験

さて、２００８年8月、ヘミシンク体験セミナーに参加する日がやってきました。東京郊外にある施設での３泊４日。本場アメリカのモンロー研究所での研修施設とは違いますが、日常を離れての合宿生活。テレビも新聞もなし。１日数回のエクササイズを行います。

ヘミシンクを使った誘導瞑想のエクササイズは、1回がおよそ30分〜40分。基本的には横になって仰向けに寝た状態で、ヘッドフォンをして、参加者全員で同時に、同じ誘導瞑想用のＣＤを聴きます。エクササイズは、誘導のための音声ガイダンス、波の音などの効果音、音楽が、一連の流れに沿って構成されています。エクササイズの内容は、目的によって毎回異なります。ヘミシンクの周波数も変化します。

エクササイズの前に行なわれるミーティングでは、次のエクササイズについての説明があり、質疑応答が行なわれます。そして本番のエクササイズ。聴き終わったらまた集まって、ミーティング。瞑想体験をシェアしたり、話し合ったり、質疑応答を行います。これをワンセットのセッションといい、１日に5回前後行います。

◆イメージするって、どういうこと？

さて、初めてのヘミシンク・セミナー。初めての誘導瞑想体験でした。音声ガイダンスの誘導にしたがって瞑想するというスタイルは、まったくの初体験。

――最初からつまずいてしまいました。

ＣＤを聴き始めて数分が経過したころ、次のように誘導されます。

あなたは心地よくなり、体がリラックスしてきています。心はリラックスしながら覚醒しています。次の段階へ進む準備ができました。

心の中に、エネルギー変換のための箱を思い浮かべてください。イメージか概念で重いフタのある大きく頑丈な箱を思い浮かべてください。どんなものでも入る強い箱です。そんな箱を思い浮かべてください。

え？　何？　何？　箱を思い浮かべる？　どういうこと？　イメージするって、どういうこと？

前半のリラックス部分は何とかなります。リラックスすればいい。リラックスしているけど、寝ないで起きていればいい。しかし後半の「エネルギー変換のための箱を思い浮かべてください」ができない。

焦っているうちに、さらにガイダンスは進みます。

エネルギー変換ボックスのフタを取り、中に現実の不安や心配事、懸念などをすべて入れてください。そうした事柄は、このエクササイズには必要なく、邪魔になるだけなのです。あなたの現実の不安や心配事、懸念などを全て入れてください。エクササイズには必要なく、邪魔になるだけなのです。今すぐ、不要なものをしまってください。

ちょ、ちょ、ちょっと待って……。まだ箱ができていない。心配事を箱に入れるって、どうやって？　その前に、箱って、どうやって作るの？

あたふたしているうちに、ガイダンスは次の指示を出し始めました。流れについていけない。置いてけぼり。しばらくすると「それでは自由に探索してください」と言ったきりガイダンスはなくなって、ザーという音（ヘミシンク独特のピンクノイズ）だけになります。指示がなくなると安心してしまい、眠くなってきます。もともとリラックスするための周波数が入っているので眠りやすいのです。気がつくとエクササイズは終わっていました。いつの間にか寝てしまっていました。

誘導瞑想の音声ガイダンスには、「全身の力を抜いてリラックスしましょう」「ゆっくり息を吐いてください」といった身体に関する指示や誘導のほかに、「あなたの眼の前に○○があります。○○があるのを思い描いてください」など、想像すること、イメージすることに関するものがあります。私の場合、前者の**身体誘導**はなんとかなっても、後者の**想像・イメージ**にまったく対応できなかったのです。

「エネルギー変換箱」というのは**「メンタルツール」**の一つです。メンタルツールとは、「想像上の道具」。ヘミシンクのエクササイズでは、最も重要かつ基本的なテクニックです。

エネルギー変換箱は、心の中に箱を思い描き、エクササイズの妨げになる雑念や心配事をその中に入れてフタを閉め、離れる……ということをイメージする。すると、煩わされることなく、エクササイズに集中できる。潜在意識を活用したマインド・チェンジのテクニックです。しかし——これがまったくできない。何をどうしたらいいのか、さっぱりわからなかったのです。

ヘミシンクのエクササイズには、**「準備のプロセス」**という一連の流れがあります。瞑想状態に導いていくための準備段階で、全身をリラックスし、呼吸を整え、集中し、意図を明確にするなどのステップがあります。エネルギー変換箱も、このプロセスの中の一つのステップです。準備のプロセスは、セミナーで使われるほとんどのヘミシンクCDに入っていいて、エクササイズの最初に必ず行ないます。

2回目のエクササイズも同じでした。エネルギー変換箱を作ることができません。3回目もダメでした。次もダメ。そもそも、作るってどういうこと?……まったく初歩の初歩、最初の段階でつまずいてしまいました。

◆思い出す……イメージできたかも?

翌日も同じ状況が続きました。ガイダンスが流れているのを、ただ聴いているだけ。相変わらずエネルギー変換箱ができません。「思い浮かべる」ことができない。

ふと――「新たに作ろうとしているからできないのかも」とひらめきました。それなら「自分の知っているものを思い出して、それを使えばいいのではないか」と。

いいアイディアだと思いました。そこで、次のエクササイズでは、自宅マンションのリビングを思い出し、押し入れから茶色いスーツケースを引っぱり出して、フタを開け、雑念や悩み、心配ごとなどを入れる……とイメージしました。本当かどうかはわかりませんが、とにかくそういうことにしました。パチンとフタを閉めました。

エクササイズが終わったあとのミーティングで、初めてトレーナーに質問しました。「こういうことを思いついてやってみたんですが、こんなんでよかったんでしょうか？」と。すると「それでもいいですよ」と。よし。それなら、次もこれでやってみよう。

ということで、次のエクササイズでは調子に乗って、フタを閉めたスーツケースを持ってベランダに出て、ハンマー投げのようにブンブン振りまわして、えいっ！と空高く放り投げました。びゅーっと飛んでいき、最後にキラリと光って消えていきました。おー！　できたじゃないか！

終わったあとのミーティングで、「今度はこういうふうにやってみたんですが……」と恐る恐る発表したところ、遠くのほうに座っている他の参加者から「ほー」と感心したような溜息が聞こえてきました。お、イケてるかも。トレーナーは同じく「それでもいいですよ」と。

なんとなく、誘導瞑想ができたような気もしましたが、これでよかったのかどうか、自信がありませんでした。というのは、すべて**「自分で勝手に想像」**していると思っていたからです。

勝手に想像してはいけない……という誤解

前章でも触れましたが、私は瞑想の目的を正しく理解していませんでした。誘導瞑想に対しても、同じ過ちを犯していました。瞑想は**「無心」**にならなければならない、と思っていたのです。

無心になろうとしても、つい考えごとをしてしまいます。仕事の段取りを考えていたり、腹の立つことを思い出したり、会議の席での言い争いを思い出して怒りが再燃したり、忘れていた約束事を思い出して焦ったり、亡くなった人との記憶が急に蘇ってきて悲しくなったり罪悪感に苛まれたり……さまざまなことが頭の中をよぎります。

無心になろうとすればするほど、雑念がわいてきます。集中できない。意識はあっちへ行ったりこっちへ行ったり。いかん、いかん、無心、無心、と思ってもなかなか難しい。瞑想は「雑念との戦い」と言っても過言ではありません。

通常の瞑想では、雑念は無理に振り払おうとせず、しかし反応せず、ただ観て、手放し（棚上げし）、再び呼吸やマントラなどに意識を戻しましょうと指導されます。

ところが誘導瞑想では、「想像してください」「イメージしましょう」「思い浮かべます」「思い描いてください」「意図しましょう」と言われます。

戸惑いました。真逆のことに思えました。

「勝手に想像するのはよくないことだ」という強い固定観念がありました。無心の状態でポッと見えてきたものが正しくて、自分でイメージしたものは間違っていると思っていました。だから、「見えてこない！」と焦っていたのです。

◆想像していいんです！

モンロー研究所では、積極的に**「想像する」**ことを奨励しています。


「イマジネーション（想像）をパーセプション（知覚）の手段にする」

「知覚するために想像する」


ヘミシンクを使った誘導瞑想では、「想像する」という心の働きを、人間の持っている自然な精神活動の一つであるととらえ、それを積極的に活用するのです。

今ではこのように説明できますが、初めて誘導瞑想のエクササイズを受けた頃は、まったく理解していませんでした。それでも、言われる通りに努力はしてみようと思い、想像しようとするのですが、無意識のうちにブレーキをかけてしまいます。想像していても、途中でストップしてしまうのです。

「想像力のブレーキ」を外すきっかけを私に与えてくれたのは、ユング心理学の「アクティヴ・イマジネーション」という技法でした。

「アクティヴ・イマジネーション」

ヘミシンクによる誘導瞑想では、想像すること、イマジネーションが大切だということはわかりました。モンロー研究所のトレーナーからも、大事ですよというアドバイスをもらいます。理屈では分かったつもりですが、本当に理解したとは言えませんでした。なぜイマジネーションが大事なのか、もう一つはっきりとした理由が欲しいと思っていました。

それと、これが一番のポイントなのですが——「自分の勝手なイメージ」でいいのか、それとも「イメージの方が勝手に現れる」のを待っていた方がいいのか――迷っていました。

そんなとき、たまたま、ほんとうに偶然、『アクティヴ・イマジネーション』という本に出会うことができました。

え？　何？　**アクティヴ**？　**イマジネーション**？――タイトルを見ただけで、ピンとくるものがありました。直感的に、これだ！と思ったのです。

老松克博著『ユング派のイメージ療法　アクティヴ・イマジネーションの理論と実践』（トランスビュー）。

「無意識は、しばしば奇跡を起こす」――帯に書かれているキャッチコピーを読んだだけで、ワクワクしてきました。さっそく購入しました。

◆「イメージのキャッチボール」

「はじめに」には、この本の重要なポイントが書かれていました。少し長くなりますが、引用します。

アクティヴ・イマジネーションは、スイスの深層心理学者、カール・グスタフ・ユング（1875〜1961年）が発展させた精神分析と心理療法のためのテクニックである。この方法では、私たちが日頃、何気なく行なっている想像という行為が持つ可能性を徹底的に追求する。……（中略）……にもかかわらず、ほとんどの人は、想像がもたらすものの限界を知っている気になっている。だが、ちがう。あなたは、その途方もない可能性をまだ知らない。

ただし、何かのイメージを漠然と思い浮かべているだけでは役に立たない。イメージに対するこちら（「私」、つまり自我）からの関わり方のコツを覚える必要がある。

コツのひとつに、無意識とのやりとりを折衝と見なすということがある。……（中略）……自我と無意識とが、イメージという共通の言葉を介して、互いに主張すべきは主張し譲るべきは譲って折衝しようというのが、アクティヴ・イマジネーションの原理なのである。

イメージにはもともと自律性があるので、自我が邪魔さえしなければ、無意識自身の意志によって勝手に動く。つまり、何かのイメージがふと浮かび上がってくるわけだ。これは無意識からのメッセージである。それに対して自我がある行動をすれば（もちろんイメージの世界で）、そこには自我の意見が反映されることになる。それから、再び無意識に自由に動いてもらう。つまり、次の場面が思い浮かぶに任せるのだが、これは先の「自我の意見」に対する無意識からの主張となっている。そこで、次には自我が……というふうに、いわばイメージのキャッチボールを行ない、一つの物語のかたちにしていくのである。

こうして自我が無意識からのメッセージを読み解いて意識化していくと、無意識はたとえば神的な存在として登場するようになり、しばしば奇跡を起こす。私たちの魂は震撼させられるのだ。それは現実の世界にも波及して、癒しや救いが経験される。心理的、身体的な諸症状の消失や軽減、精神的な安らぎやある種の洞察ないしは悟りがもたらされるだろう。…（中略）… 他のいくつかのコツも身につけた上で、アクティヴ・イマジネーションを半年から一年くらい続ければ、それが実感できるようになってくる。考え方や生き方はずいぶん変わっているだろう。（傍点芝根）

要約すると…

①イマジネーションは「**自律性**」を持っており、勝手に動き始める。
②自我の「**アクティヴ**」な態度が最も重要である。
③イメージが共通言語であり、「**イメージのキャッチボール**」が、自我と無意識のコミュニケーションの始まりである。

イメージには自律性がある。勝手に動く。それに対応してこちら（自我）が（イメージで）行動すれば、無意識も反応する。次に自我が、その次に無意識が……と続ける。これが――「**イメージのキャッチボール**」。

これだ！と確信しました。

誘導瞑想に必要なのは、まさに「イメージのキャッチボール」でした。

私は、自分で勝手に想像するのはよくないことだと思っていましたが、そうではない。勝手に想像していいんです！　そして、相手（イメージ）の方も勝手に動く――そのことに気づいたら、次の対応を考え、行動する。

先ほどの、エネルギー変換箱のエクササイズで私は、「自宅マンションのリビングを思い出し、押し入れから茶色いスーツケースを引っぱり出し……」と自分で想像しました。勝手に想像したので、これでよかったのかどうか自信がありませんでした。しかし――それでよかったのです！

そして、ブンブン振りまわして、えいっ！と空高く放り投げたら、びゅーっと飛んでいって「最後にキラリと光って消えていきました」というのは、私の勝手な想像ではありません。無意識から届いたイメージです。そのことに気づいたのです。だから――これでよかったのです！

もう少し、引用を続けます。

「**自分の勝手な想像でもいいいんでしょうか？**」という、根本的な疑問に対して、著者の老松先生は明確に答えていました。

結論から言ってしまえば、創作であっても一向に構わない。それでも充分に価値がある。自我による創作よりも、自我による創作を恐れて疑心暗鬼になってしまうことのほうが、よほど困った問題である。人間、意識内にある材料だけで物語を創作しようと思っても、とうてい続けられるものではない。そんな離れ業が可能だと信じていることこそ、自我の傲慢である。

ことさらに「イマジネーション」などと言うと、非常に特別なことのように聞こえるかもしれないが、それは誤解である。要するに何かが思い浮かんでくればよいのだ。まる一日、何も思い浮かべずに過ごせる人など、はたしているものだろうか。イマジネーションは私たちのごく日常的な営みなのである。

◆意識的に判断し、意識的に行動する

次に、最も重要なポイント――「アクティヴ」な態度とは何か？

アクティヴ・イマジネーションで難しいのは、『イマジネーション』のほうではなく、『アクティヴ』というところである。

自我はイマジネーションの世界で、おのずと何らかの相手ないしは対象（人、動物、物、状況など）に出会う。アクティヴな自我は、まず、その出会いの意味を考えなければならない。

出会いの意味は、すぐにははっきりしないこともあるだろう。それでも、仮説を立てるくらいはしないといけない。さもないと、次にどうふるまえばよいか見当をつけることができず、イマジネーションそのものが進まないからである。

出会いの意味を仮に確定したら、次には、こちらに何ができるか、何をしなければならないか、を考えていく。…（中略）… このとき大切なのは、なんとなく選ぶのではなしに、「私はこれこれの理由によりこれを選ぶ」としっかり意識しながら選択を行なうことだ。これが自我のアクティヴな態度の根幹となる。

続いて、その選択した行為をイマジネーションの中で実行に移す。（傍点芝根）

常に**意識的に判断**し、**意識的に行動**することが「アクティヴ」ということです。

選択肢の中には、『今は動かない』『しばらく見守る』といった類のものがあってもよい。この種の選択も、しっかりと意識しながら行うのであれば、まちがいなくアクティヴである。……（中略）……『アクティヴ』と『意識的』は同義と言ってもよい。

何かを『なんとなく』、あるいは『いつのまにか』してしまうことが、いちばんいけない。これはパッシブな自我に起こる典型的な経験の一つである。この時の自我は充分に機能していない。ぼんやりと映画でも眺めているような状態に陥っている。同じ『眺めている』であっても、そうしようと明確に意識しながら眺めているならかまわない。できるだけ意識を関与させることが肝要なのである。

【出典】『ユング派のイメージ療法　アクティヴ・イマジネーションの理論と実践』（トランスビュー）

この本を読んで、納得できました。そして、決意しました。

①想像のブレーキを外そう！　想像することを自分に許す！　自分のイマジネーションを信頼

する！

②イメージのキャッチボールをするときに大切なことは「アクティヴ」な態度。意識的に判断し、意識的に（**イメージで**）行動する。

◆観察し、気づかなければ……何もできない

実は、もう一点。このときにははっきりと自覚していなかったのですが、重要なポイントがありました。

それは――**「観察し、気づく」**ということです。

先ほどの引用に、「自我はイマジネーションの世界で、おのずと何らかの相手ないしは対象（人、動物、物、状況など）に出会う。アクティヴな自我は、まず、その出会いの意味を考えなければならない」とあります。「おのずと何らか相手ないしは対象に出会う」のですが、しかし――出会ったことに気づかなければ、次の行動に移せません。

キャッチボールも、相手が投げてきたボールに気づかなければ、キャッチできません。パスボール。うしろに逸らしてしまいます。それと同じことです。

「観察し、気づく」、そして「意識的に」――まさに**「マインドフルネス」**です。

この点が、本書のテーマの一つ、「誘導瞑想にはマインドフルネス瞑想で培われる観察力・自

覚力が重要」ということです。詳しくは次の章で述べます。

さて、「ブレーキを外そう、許そう、信頼しよう」と決意し、アクティヴ・イマジネーションの活用方法をマスターしようと思いました。しかし、理解しても使えなければ意味がありません。本当に使えるようになるには、やはりトレーニングが必要でした。また、アクティヴ・イマジネーションは心理療法なので、誘導瞑想に応用するには、自分なりに工夫が必要だということもわかってきました。

結局、コツがつかめたのはこのときから半年後、マスターしたと思えるようになったときには、さらに半年が経過していました。つまり、この時点からでも1年かかったのです。

モンロー研究所プログラムに参加する

2005年の春、設立されたばかりのアクアヴィジョン・アカデミー（代表：坂本政道）が、米国モンロー研究所のプログラムを受講するためのツアーを企画し、募集していることを知りました。

坂本政道さんは、元ソニーの半導体素子開発のエンジニアで、その後カルフォルニア州サンノゼのSDL社に移り、帰国後「変性意識」状態の研究に専念するため同社を退職……という経歴で、その後モンロー研究所のプログラムに数多く参加し、公認のレジデンシャル・ファシリテーナーになり、日本にヘミシンクを普及するための組織としてアクアヴィジョン・アカデミーを設立しました。

私は、アクアヴィジョンの主催するヘミシンク体験のためのワンデイセミナーを受講したあと、迷わずモンロー研究所のツアーに申し込みました。**「ゲートウェイ・ヴォエッジ」**という、初心者のための入門プログラム。アクアヴィジョンでは、音声ガイダンスを日本語に吹き替えるなどして日本人向けのプログラムに直しました。私が参加したのは、アクアヴィジョンの主催する2回目のツアーでした。

まだヘミシンクを使った誘導瞑想のコツをつかんではいませんでしたが、「もっと追求してみたい！」という好奇心と、「本場アメリカで体験できる」という期待感でいっぱいでした。

2005年9月、成田空港に集合しました。総勢26人。ワシントン・ダレス空港まで約13時間のフライト。ダレス空港からモンロー研究所までは、アクアヴィジョンの用意したチャーター・

バスで約3時間半。モンロー研究所はブルーリッジ山脈の中にあり、見晴らしの良い草原の真ん中に、教育・研究施設が点在しています。まわりには牧場が多く、すぐ近くに草を食む牛たちの姿が見えます。素晴らしい環境です。

モンロー研究所のプログラムは5泊6日。米国ツアーの場合は、土曜日に成田を出発し、翌週の土曜日に帰国する、6泊8日のスケジュールになります。滞在中、施設にテレビはありません。近くにコンビニもありません。参加者専用のレストランで食事をします。プログラムはゆったりとした時間配分で進められます。食事も含めて午後の休憩時間は2時間半。ディナーのあとは、講義や講演。ときには映画が上映されることもあります。

受講する「ゲートウェイ・ヴォエッジ」という入門コースは、1980年代の前半から続いている、モンロー研究所では最も歴史のあるプログラムです。内容は盛りだくさんで、CDを聴くエクササイズの他に、研究所内の施設見学や、ロバート・モンローのビデオを観る、といったメニューもあります。

◆自分で自分の答えを見つける

イントロダクションの説明で、「ヘミシンクは、**自由になるための道具**です」という言葉が印象的でした。

何から「自由」になるのか？　さまざまな思い込みや囚われ、要らぬ信念、不要な価値観……それらをまとめて「制約」というならば、ヘミシンクとは、「さまざまな**制約から自由になるための道具**」。

自由になるとどうなるのか。**「本来の自分」**を知り、それを表現しながら生きていくことができるようになる。

「知る」といっても、誰かが教えてくれるわけではない。自分で「体験」して理解する。ヘミシンクは**「自分で体験するための道具」**。道具を使うのは自分。どう使うかは自分次第。

モンロー研究所のスタンスについて、次のような説明がありました。

「ゲートウェイ・ヴォエッジは、決められた答えを見つけるようには作られていません。合格・不合格、正しい・誤り、といった学習モデルではありません。また、新たな信念体系を提供するものでもありません」

「モンロー研究所では、特定の信念体系や教義を教えるのではなく、個々の参加者それぞれが、**自分で自分の答えを見出せるようにサポート**し、お手伝いすることこそ重要である、と認識しています。「**自分は肉体を超える存在である**」ということを体験する中で、ファシリテーターの力を借りたり、参加者同士で助け合ったりしながら、みなさん自身のテーマについて探究し、自ら結論を出し、そこに到達していくのです」

このように、モンロー研究所には「教え」のようなものはありません。強制するものもありません。ヘミシンクというツール（道具）を提供し、その使い方を伝えているだけ。ツールを使って何を得るかは、その人次第――というスタンスなのです。

「自転車の喩え話」がありました。

「ヘミシンクのエクササイズは、自転車の練習のようなものです。**慣れるまではひたすら聴き続ける**必要があります」

「ヘミシンクの技術は、自転車の「**補助輪**」のようなものです。補助輪にエンジンはついていません。漕ぐのは自分です」

最初からスイスイと自転車に乗れる人はほとんどいません。コツをつかむまでは練習が必要です。一度マスターしたら、いつでも自由に乗りこなせるようになります。しばらく乗っていなくても、すぐにコツを思い出すができます。ヘミシンクのエクササイズも同様に、マスターするまでは繰り返し練習する必要があります。

補助輪を使うと効率的に練習できます。乗れるようになって、不要になれば、外せばいい。ヘミシンクも、マスターしてしまえば不要になります。

補助輪は、その名の通り補助してくれるだけ。エンジンではない。漕がなければ前に進みません。ヘミシンクが瞑想体験を「させてくれる」わけではありません。体験するのは自分です。ヘミシンクはそれを助けてくれるだけ。

◆スピリチュアルな仮説

モンロー研究所のプログラムは、いくつかの「スピリチュアル」あるいは「トランスパーソナル」な**「仮説」**をもとに作られています。

①私たちは、「あの世／この世」「意識／無意識」など、2つの世界があることを知り、受け入れています。ほかにもさまざまな呼び方があります。「物質／非物質」「内なる世界／外の世界」「内宇宙／外宇宙」……。モンロー研究所の創設者であるロバート・モンローは、その二つをシンプルに「**Here**（ヒア＝こちら）／**There**（ゼア＝あちら）」と呼びました。

②〝私〟という存在は、今ここにいる〝私〟だけではなく、たくさんの〝私〟がいて、私たちは何度も「転生」を繰り返している、と言われています。そのような過去、現在、あるいは未来も含めた、すべての〝私〟の人格の総体を、モンロー研究所のプログラムでは**「トータ**

ルセルフ」と呼んでいます。トータルセルフは、一般的には「大いなる自分」「オーバーソウル」などと呼ばれることもあります。ロバート・モンローは、これもシンプルに「**I／There**（アイゼア＝あちらの自分）」と呼んでいます。私たちはトータルセルフの一員です。「個」であると同時に「全」（トータルセルフ）です。

③私たちには、私たちの意識の成長を手助けしてくれる**「ガイド」**と呼ばれる非物質の知的存在が複数いると言われています。どう呼ぶかは問題ではありません。「ハイヤーマインド」という人もいれば、「ヘルパー」「内なる導き手（インナー・ガイド）」という人もいます。単に「ガイダンス（導き）」という人もいます。そのような存在たちの手助けを前提としてプログラムは構成されています。

これらの「仮説」を信じる必要はありません。ガイドの存在も、いるのかいないのか、分からなくても信じなくてもかまわない、体験すればわかるので、それまでは「いると仮定して」進めていけばいい。

ロバート・モンローは、人から教えられたり強制されたりするのではなく、自らの体験を通して発見することを最も重視しました。彼は、自分が話したり本に著してきたことすら、自分の仮説だから信じる必要はない、と言っていたそうです。「私の言うことを信じないで、自分で調べなさい（Don、t believe anything I say; go find out for yourself.）」というのが彼の口癖でした。ロバート・モンロー亡きあとも、自ら体験したことを大切にするという、モンロー研究所のスタンスは変わっていません。

◆Have Fun!——楽しみましょう！

モンロー研究所では、トレーナーから、いつも「Have Fun!（楽しみましょう！）」と声をかけられます。エクササイズを楽しもう、一週間の滞在を楽しもう、仲間との交流を楽しもう——そう思ったほうが上手くいく。そして、「好奇心」「探究心」を忘れないように！と。

ストイックな修行スタイルではありません。ミーティング中は笑いが絶えません。しかし、ただノンビリしているわけではありません。楽しみながら真剣に取り組んでいるのです。——このスタイル、気に入りました！　これなら続けられます！

「リリース&リチャージ」——恐怖心を手放す

初めて受講したモンロー研究所プログラム「ゲートウェイ・ヴォエッジ」のエクササイズの中で、印象に残っているエピソードを一つ、ご紹介します。

「リリース&リチャージ」というエクササイズです。これは、**フォーカス10**という意識状態で、**潜在意識**の中に隠れている**「恐れ」の原因を解放**し、本来の自分を取り戻すというワークです。

リリース（解放）し、リチャージ（回復）します。

「フォーカス○○」というのは、モンロー研究所独自の概念で、特定の意識状態を表しています。○○には数字が入ります。フォーカス10から49まで、いくつかの番号がつけられていて、それぞれ特徴が定義されています。

詳しくは次の章で説明しますが、**「フォーカス10」**は「肉体は眠り、意識は目覚めている状態」。英語では「Mind Awake / Body Asleep」と定義されています。私たちは普段、肉体が眠ると意識も眠ってしまいますが、フォーカス10のヘミシンク周波数で誘導されるのは、肉体は眠らせる方向に導きつつも、意識は目覚めたままにしておく、という状態です。しかし、金縛りではなく、体は動かそうと思えば動かせます。なので、正確には「眠っている状態」というより「眠るほど深くリラックスしている状態」です。しかし意識は目覚めている。

フォーカス10は、ヘミシンク・エクササイズの基本の状態と言われていますが、「心身のリラックス」と捉えれば、あらゆる瞑想の基本ではないかと思います。

また、フォーカス10は、潜在意識にアプローチしやすい、潜在意識の中のものが出てきやすい、という特徴があります。このエクササイズは、その特徴を生かして行なわれます。

エクササイズの目的は：

「フォーカス10に導かれた状態で、思考や行動を制限している、生きていくのに不要になった恐れや思い、感情パターンを解き放ち、自由を取り戻す方法を学びます。これによって、日常生活の中でも、感情に支配されず、それをコントロールすることができるようになります」

ここでいう**「恐れ」**とは、「自分の行動や思考を制限し障害になっている心の働き」を指します。恐れが生まれたのは、その元になった経験があります。たとえば、大勢の人前で話すことへの恐れの場合、子どもの頃に人前で話して笑われたり先生から叱られたりしたことがあったかもしれません。そのような経験を、ここでは**「記憶」**あるいは「出来事」と言っています。

記憶そのものは単なる事実ですから、良いも悪いもありません。ところが、そのときの記憶には、恥ずかしい、悔しい、腹立たしい、悲しい、辛いといったさまざまな**「感情」**が絡み合っています。この複雑に絡み合った感情が結果として恐れの心を生んでいるのです。

「笑われた」という出来事をどのように受け止めるかは「感情」次第です。恥ずかしいと受け止めれば「恐れ」になりますが、「ウケた。笑ってもらえた。ラッキー！」と受け止めれば、良い思い出になります。

恐れ：自分の行動や思考を制限する心の働き。
感情：複雑に絡み合って、恐れを生じさせる。
記憶：元になった経験、出来事。事実のみ。

このエクササイズでは、フォーカス10の状態で潜在意識にアプローチし、「恐怖」「感情」「記憶」を順番に、ゆっくりと**「知覚」**し、穏やかに**「解放」**し、本来の自分の姿を取り戻すように**「変換」**していきます。

私たちは、強烈な恐れほど、元になった経験をなかなか思い出すことができません。なぜなら、思い出したくないからです。見たくない、意識したくない。心の奥底に押しやり、フタをし、二度と開けたくないのです。しかも、自分でフタをしていることすら自覚していません。
フタをして抑えれば抑えるほど、さらに恐れは強くなってきます。影響力を増してきます。そして、人生の大事な場面や重要な選択を迫られたときに、むくむくと顔を出してくるのです。「ここぞ」という場面で、自分で自分の足を引っ張ってしまったりします。

このエクササイズでは、メンタルツール（想像上の道具）として**「エネルギー変換箱」**を使います。この章の最初に登場してきました。そこでは「雑念や心配事を入れて集中できるようにする」というものでしたが、ここでは箱の中を潜在意識に見立てます。そして心のフタを開け「潜在意識の中にアプローチ」していきます。

エネルギー変換箱の中に手を入れ、恐れ、感情、記憶をつかみ、取り出します。そのようにイメージするのです。

具体的には、以下のような流れです。

①**「恐れ」**を取り出し、泡にして解放する。

エネルギー変換箱のところに行きます。フタを開け、中にある恐れを感じてみます。箱の中に手を入れ、恐れの塊《かたまり》を取り出し、遠ざけ、水中の泡のように上昇させるとイメージします。（ブクブクという泡のような効果音が入ります）。

②**「感情」**を取り出し、泡にして解放する。

もう一度エネルギー変換箱に心を向けます。恐れはなくなっています。恐れに覆われていた感情があります。その感情を取り出し、遠ざけ、水中の泡のように上昇させるとイメージします。（ブクブクという、泡のような効果音が入ります）。

③元となった**「記憶」**を知覚し、クリーンなエネルギーに戻す。
恐怖心や感情はなくなりました。今度は、恐怖心と感情に覆われていた記憶（出来事、経験）を知覚（思い出す、把握）します。そして、静かに、穏やかに、清らかなエネルギーを回復するようにイメージし、心の中に戻します。

エクササイズでは、①～③を３回行ない、そのあと徐々に通常の目覚めた状態に戻ってきます。


「え？　たったこれだけのこと？」と思われた方もいるかもしれません。実は、私も最初はそう思っていました。何か単純すぎてうまく行くわけがないと。

しかし、このエクササイズは、とても有効です。箱から取り出すというイメージ・ワークだけでも効果はありますが、それをフォーカス10の意識状態で行うことで、さらに効果が高まるのです。毎日、あるいは定期的に繰り返し行うことで、潜在意識の中の恐れ取り除かれ、クリーンになっていきます。

何を取り出したのか、分かることもあれば、分からないこともあります。エクササイズの最中は分からなくても、終わったあとに気がつく場合や、何日か経ったあとに分かることもあります。

意外なものが出てきてビックリすることもあります。たとえば、何だか分からないけどドロドロしたもの、ナマコのようなもの、こびりついた汚れ、汚物、トゲのあるもの、熱い溶岩のような塊、もやもやした煙のようなもの……これらは恐れを象徴しているもののようです。

まったく何も感じられないこともあります。その場合でも、取り出すフリをしてみましょう、と言われます。取り出そう、解放しようとする**「意図」**と、それを（イメージで）**「態度」**に表すこと自体に意味があるのです。

エクササイズの最中に、恐れの原因が特定されなくても、元になった記憶を思い出せなくても、解放することはできます。原因の特定は向こう側に任せるのです。私たちは解放すると意図し、それを態度（イメージ）で表せばいいのです。

◆潜在意識のフタが開いた？

ということで、私もエクササイズの最中は、何も感じることができませんでした。ただ、指示された通りにイメージ・ワークを行っていました。

ところが——その日の夜のことです。異変が起こりました。

夜中に目が覚めて眠れないでいると、心の中からいろんな感情や記憶が湧きあがってきたのです。そのときのレポートを抜粋します。

〇月〇日の夜中、なぜか寝苦しく、何度も目が覚めました。悪夢をみては、汗をびっしょりかいてハッとして目が覚めるのです。心臓がドキドキして、息も荒くなっていました。夢の内容はよく覚えていません。でも、体感だけはしっかり残っていました。

うつらうつらしていると、ますます感情が高ぶってきました。自分の性格や言動に対する嫌なことが、どんどん思い出されてきたのです。嫌だと思って隠している部分、普段は自分の影になって隠れているような見たくない部分が、どんどん意識に現れてくるのです。（具体的な内容は略しますが、孤独感や焦燥感、自己嫌悪を伴う内容です）。あーでもない、こーでもない、ちくしょう、ああ嫌だ。なんでこんなに。俺だけ？　なんて俺は馬鹿なんだ！　俺が悪い？　いや悪いのは俺だけじゃない。俺は何をやっているんだ！　アメリカくんだりまで高い金を払ってやってきたのに……とりとめもない思考がぐるぐるぐるぐる……ますます自己嫌悪に陥ってしまいました。

寝るのはあきらめ、ライトを点けてノートを取り出しました。この際だから、ぜんぶ書きだせるだけ書き出そうと思ったのです。

自分にも影の部分があることには気がついています。そういう面も自分の一部ですから、否定したり消し去ろうとしないで、目をそむけないで、ちゃんと見据えて、折り合いをつけていこう、和解していくことが必要なんだと、そう思って対峙し、ノートに書いていきました。書きながら、涙が出てきました。男のくせに泣きやがって！　と今度は腹が立ってきました。

しばらく書いているうちに、眠くなってきました。そのうち、もうどうでもいいやあ、という気になってきて、ライトを消して眠りました。こんどはスッと眠りにつけました。

翌朝、1回目のエクササイズで、素晴らしい体験をしました。私は、家族や親せき、仕事仲間、友人、知人など、いろんな人たちとハグして（抱き合って）いるのです。ハグ、ハグ、ハグ……。実際にハグしているかどうかは定かではありません。ただ、いろんな人と仲良くしているような感じ。途中で「あ、息子にもお土産買わなきゃ」と思っている自分がいました。

エクササイズが終わったあと、「うん？　これが、昨日見た夢の答えではないだろうか？」と思いました。「ひとりで考え込むな！　みんながいるよ！」と。――勇気がわいてくるようでした。

どうやら、エクササイズの最中ではなく、あとから解放が起こったのではないかと思いました。この日から、私は妙にウキウキし始めました。気持ちが軽くなって、ハイテンションでした。

自分に腹が立って泣いた夜のことは、決して忘れません。その日から、何かが変わり始めました。もともと何ごとも考えすぎる傾向にありました。考えすぎて思考のループに入り込んで抜け出せなくなってしまう……。そのパターンが変わってきました。

「Ｈａｖｅ　Ｆｕｎ！」の精神が大切だと、実感できるようになり始めたのです。ヘミシンクのワークを楽しもう！と。これが、最大の収穫でした。

モンロー研究所のプログラムに、ますます興味が湧いてきました。もっと探求したい、と思うようになりました。

「ゲートウェイ・ヴォエッジ」が終わって半年後、次のステップである「ライフライン」に参加することにしました。

リラクゼーションに取り組む

「ライフライン」プログラムに参加する前に、取り組みたいと思っていたテーマがありました。それは、**「肉体のリラクゼーション」**です。

モンロー研究所のトレーナーからは、リラクゼーションについて、次のような説明があります。

「フォーカス10の、肉体の眠り／意識の目覚め、という状態で、肉体感覚の変化にも注意を向けてみてください。手足のしびれや振動、揺れ、体が重くなった感じ、肉体感覚が薄れる……。体の感覚の変化を感じてみましょう」

しかし、私はそれまで、そういった「体感覚」にはほとんど注意を払ってきませんでした。しびれているのかいないのか、振動しているのかいないのか、重いのか軽いのか……観察していませんでした。

そういった体の感覚は、たいして重要なことではないだろうと、勝手に決めつけていたのです。それよりも、何が見えたのか、どんな気づきがあったのか、といった体験のほうが重要だと思っていました。

しかし、これは間違いでした。体の微細な変化に気づいていくことは、ヘミシンクに限らず、瞑想の実践では重要なことでした。そこで、ゲートウェイ・ヴォエッジから帰ってきたあと、エクササイズ中の体の変化にも注意を向けるようになりました。

体感覚の変化に注意を向け始めてから気づいたことがあります。それは、私は心身ともにリラックスできていなかった、ということです。誘導瞑想のガイダンスで「リラックスしましょう」と言われても、「はいはい。わかりました」とおざなりにやっていたのです。まず、眉間にしわが寄っている。歯を食いしばっている。肩に力が入っている。おなかの上で組んだ指に力が入っている……。

これではダメだと思い、徹底的にリラックスのトレーニングをすることにしました。「頑張ってリラックスする」という一見矛盾しているようですが、私にとっては必要なことでした。

まず、フォーカス10の周波数が入ったＣＤを毎日聴き、肉体のリラックスと意識の目覚めという基本の状態に慣れるように練習しました。このＣＤには、ほとんどガイダンスが入っていません。ひたすら「リラックス＆目覚め」という状態を維持できるように努力しました。

就寝前には、『ディープ10リラクゼーション』というＣＤを聴くようにしました。このＣＤは、音声ガイダンスの誘導とヘミシンク音によって、体の各部位を意識しながらリラックスさせていくというものです。

また、自律訓練法も毎日のようにやりました。これも効果がありました。自律訓練法は、もともとは精神科の催眠療法から生まれた治療法で、ストレス緩和法あるいはリラックス健康法とも言われています。やり方はとても簡単です。ヘミシンクＣＤは使いません。

仰向けでも椅子に座っていてもいい。目を閉じてリラックスして開始します。気持ちがとても落ち着いている……手足が重たい……手足が温かい……心臓が静かに打っている……呼吸が楽にできる……お腹が温かい……額が涼しい……と自分で自分を誘導していき、最後は必ず消去動作（伸びをしたり深呼吸をして目覚める）を行って終了します。

さらに、『体外への旅』というアルバムCDを聴き込みました。これは、ロバート・モンローが彼の著書『体外への旅（Journeys Out of the Body）』で紹介した体外離脱に至るための4つの段階を順に自宅学習するためのもので、状態A～Dの練習に分かれています。非常に単調なトレーニングです。たとえば状態Bだと、

「意識を何かに集中せず、半覚醒状態を維持します。目を閉じたまま前方の暗闇を見つめ、それ以外は何もしません」

飽きずに続けました。移動中の電車の中でも聴きました。

これらのトレーニングに共通しているのは、「意識して肉体をリラックスさせていく」ということです。半年間、徹底的にトレーニングしました。特に「ライフライン」に出発する前の一か月間は、時間を惜しんで励みました。

そして、「ライフライン」に参加して、ついに――ヘミシンクによる誘導瞑想のコツをつかむことができたのです。

ついに――ブレーキが外れる

２００６年4月、2度目のモンロー研究所ツアー、「ライフライン」プログラムに参加しました。「ライフライン」の目的や内容については、のちほど述べます。ここでは、私が「想像のブレーキ」を外せるきっかけになった体験をご紹介します。

最初の2日間は「ゲートウェイ・ヴィエッジ」の復習で、**「フォーカス21」**までを体験します。3日目からは、フォーカス21を越えた意識状態に入ります。

フォーカス21は「架け橋の領域（The Bridge State）」あるいは「他のエネルギー系への架け橋（The bridge to other energy systems）」と呼ばれています。「あちら」と「こちら」をつなぐ領域。これを越えると「肉体を失って向こうへ行った人（亡くなった人）」の意識状態になります。

肉体を失った人にも意識はあるのか？と思われるかもしれませんが、モンロー研究所では、仮説として、意識（〝魂〟）の永遠性を前提にプログラムを組み立てています。詳しくはあとで説明します。

モンロー研究所のプログラムには世界中からさまざまな文化的あるいは宗教的な背景を持つ人々が参加しますが、フォーカス21の意識状態を体験した多くの人から、「川」を見たという報告が寄せられました。仏教文化圏の人だと三途の川の伝承を聞いたことがあるかと思いますが、不思議なことにキリスト教圏の欧米人からも同様に「川」を見たと報告されるのです。大きい川、小さい川など、いろいろですが、とにかく「川」のようなもの。

おそらく、「あちら」と「こちら」の境界領域という状態を、「川」というシンボルとして把握しているのではないかと思われます。

また、「川」と同時に、「橋」を見たという報告もたくさん寄せられています。そこで、フォーカス21は「架け橋の領域」と呼ばれるようになったとのことです。

さて、そのフォーカス21。このエクササイズの流れは、フォーカス21を越えた意識状態を体験し戻ってくる、というものでした。以下、私の体験です。

フォーカス21を越えるのは初めての経験で要領がつかめず、大した手ごたえもなく戻ってきました。

そのとき、突然――ある場面が現れました。

なぜか、私は、高層マンションの最上階の廊下に舞い降りていたのです。

廊下から見える風景は……目の前に堤防があって、その先に広い河川敷が広がっています。川の向こうには、平野が続いていました。

下を見ると……高いです。何階建てでしょうか。恐いです。

その時――「**あっ！　これはチャンスだ！**」と直感しました。

「飛べ！　飛べ！　飛ぶんだ！」という衝動が、突然湧きあがってきました。

何も考えず、私は行動に移しました。

次の瞬間――私は廊下の塀を飛び越えて、空中に身を投げ出していました。

飛べました。自由に。空高く。どんどん高く、大気圏を越えて地球を見下ろすところまで飛んだような気がしました。

なぜ「チャンスだ！」と思ったのかというと、それは、1年半前にさかのぼります。

この章の冒頭にご紹介した、初めて参加したヘミシンク体験セミナーで、実はちょっとした体験をしていたのです。


最終日の最後のセッションで、突然、体験が始まりました。パッと場面が出てきました。テレビをつけたら、いきなりクライマックスが始まったような感じです。

ふと気づいたら、橋の上にいました。そして、何と驚いたことに——誰かが私を、橋の欄干から突き落とそうとしているのです。

誰だかわかりません。後ろから押されてくるのです。怖い！

私は欄干に手をついてあとずさりしながら、「やめてくれ！　俺は飛べない！」と必死で叫んでいました。

「無理だ！　恐い！　飛べない！」

「飛びなさい！」

「恐い！」

「大丈夫です！」

ふっと、その場面は消えました。

非常にリアルな体験でした。セッションが終わったあとも、しばらく心臓がバクバクしていました。誰が押しているのかわかりません。いったい何を根拠に大丈夫だと言っているのか……。でも、「ああ、思い切って飛べばよかった…」と悔やみました。イメージの世界なんだから、落ちるわけないし、落ちても大丈夫なのに。くそう……。

このときは、大した意味はないと思っていました。確かに心臓バクバクの体験でしたが、夢と同じようなものだと思っていました。

しかし、あとになって、なぜこのような体験をしたのか意味がわかりました。そのころの私は、自分の想像力にブレーキをかけていました。しかも、自分がブレーキを踏んでいることすら気づいていなかった。「飛ぶ」という行為は、「ブレーキを外す」ことの象徴でした。

誰かが「ブレーキを外せ！」と言っている。

私は「無理だ！」と拒否している……。

先ほどの話に戻ります。フォーカス21でマンションに降りてきた場面で、このときのこと思い出したのです。だから、「今度こそ、チャンスだ！」と感じたのです。

そして行動に移し──飛ぶことができました。

私のブレーキが、一つ外れました。

「イメージのキャッチボール」という誘導瞑想のコツが、わかりかけてきました。少しずつ、自信が出てきました。

イメージのラリーが続き始める

先ほどの、マンションの最上階から飛び出した体験を、「イメージのキャッチボール」という観点から、分解して解説してみます。

「高層マンションの最上階の廊下に舞い降りていた」というのは、向こう（無意識）からの働きかけです。私はそのことに気づきました。私は「恐い」と思いました。そして次に、「これはチャンスだ！」と判断し、「飛ぶ」という行動に移しました。すると、飛べました。「自由に。空高く。どんどん高く……」は、無意識からの反応です。

実際の体験では、このように分解されたものではなく、流れはもっとスムースです。一つひとつの動作の間隔は、非常に短いです。キャッチボールというよりも、卓球やバトミントンのラリーのようにスピーディです。

流れるように**「イメージのラリー」**が続き始めたとき――それが、誘導瞑想のコツをつかんだ瞬間ではないかと思います。

さて、「ライフライン」の４日目。この日から、いよいよ「フォーカス27」の意識状態に誘導されます。

フォーカス27は、「中継点（The Way Station）」と呼ばれ、亡くなった人の意識（〝魂〟）が到着する領域と言われています。詳しくは次の節以降で説明しますので、そのままお読みください。

フォーカス27に「自分の特別の場所（マイ・スペシャル・プレイス）」を作る、というエクササイズです。フォーカス27の意識状態で、イメージで物を作るのです。

スペシャル・プレイスは、フォーカス27の自分の活動拠点であり、休憩所でもあり、ガイドや亡くなった人などと会うための出会いの場でもある。家を作ってもいいし、イスとテーブルを置くだけでもいい。インテリア、調度品、庭、ペットなど……まったくの自由。

どんなものを作るか、あらかじめ想定しておきましょう、とアドバイスがありました。私は、お気に入りの家を作ることにしました。イメージで家づくり。まさに〝ドリームハウス〟です。

イマジネーションのコツをつかみ始めていました。気負い込んでエクササイズに臨みました。

しかし、1回目は失敗しました。なぜなら、一から十まで全て自分でイメージしようとし過ぎたのです。設計図を書いて、土台を作り、柱を立てて、屋根をふき、壁を作り……。すると、イメージが続かない。作ってもすぐに壊れていってしまうのです。

――「キャッチボール」を忘れていました。もっと、相手（無意識）の声にも耳を傾けなければ……。

次のエクササイズで、もう一度家づくりにチャレンジしました。


ふと気づくと、長いソファとテーブルが見えてきました。格子窓が見えます。ドアがあります。家の外は草原になっていました。

上を見ると、吹き抜けになっていて、うしろに階段があります。それを登ると、キッチン兼リビングになっています。キッチンの左側には、バスルームがあります。中に入るとガラス張りになっていて、外が見えます。下の方に雲海が見えます。

書斎が欲しい、と思いました。リビングから下に降りる階段が現れました。降りると書斎になっていました。窓側に大きめの机と椅子があります。左右の壁いっぱいに書棚があります。

机の上には、使い古されたタイプライターがあります。書きかけの原稿がありました。そこには、英語で「Let's have fun!」（楽しみましょう！）と書かれています。

階段を上がってリビングに戻りました。天窓があるといいな、と思い、上を見上げました。窓が現れました。

家の外に出てみました。広い芝生の庭があります。花壇もあります。庭は斜面になっていて、その先は山に続いています。芝生の庭は、なんと家の屋根と一体化しています。芝生の屋根。まるで、映画に出てくる〝ホビットの家〟のようです。


つまり、全体像から作っていったのではなく、部分から自然にできあがっていったのです。設計図は必要、まずは土台をつくって、次に柱を立てて……というのは、こちらの世界での固定観念。向こうでは不要です。すべてイマジネーション。自由です。

「自分の勝手な想像ではないか？」――たしかに自分で想像したものもあります。しかし、「振り返ると階段があります」というのは、自分で考えたことではありません。書きかけの原稿を見たら「Let's have fun!」とあったのは、明らかに向こうからのメッセージです！

シンボルを介した**「非言語」**のコミュニケーション。向こうとこちらのコミュニケーション。

共通言語は「イメージ」です。

イメージは、「見える」だけではありません。「感じる」、そんな「気がする」、そのように「把握した」、ということが「わかった」などもイメージです。「嬉しい」「楽しい」などの感情もあるでしょう。「聞こえた」もあります。ときには「匂う」「味がする」もあります。「ドキドキ」や「ゾクゾク」などの体感覚もあります。

言語の場合もあります。先ほどの「Let's have fun!」は言語でした。

「アクティヴ」というのは、単なる「積極的」という意味だけではありません。受動的に動きを「待つ」という要素もあります。待って、相手からの働きかけに気づき、それに対してまた関わっていく。

大事なことは、「意識的に」「意図的に」「自覚的に」ということです。自分は何をするか、自分は何をイメージするか、自分は何を選択するか……それを、無意識的にではなく、意識的に行っていくこと――それが「アクティヴ」です。

――コツをつかみ始めました。

次のエクササイズからは、ついに――ライフラインの主目的であるレトリーバル（救出活動）が始まります。

「レトリーバル」という癒しのテクニック

「ライフライン」は、１９９１年からスタートしたプログラムで、「死後世界（Afterlife）」の探索を行うものです。このプログラムは、デビューして以来、大変な人気を博してきました。参加者の体験などが多くの著書で紹介されたことで国際的にも有名になり、いまではモンロー研究所の中心的なプログラムになっています。

体験記としては、ブルース・モーエンの『死後探索』シリーズ（ハート出版）が有名です。アクアヴィジョン・アカデミーの代表である坂本政道さんも『死後体験』シリーズ（ハート出版）の中で、たくさんの体験を発表しています。

最近では、エベン・アレグザンダーの著した『プルーフ・オブ・ヘヴン――脳神経外科医が見た死後の世界』（早川書房）が話題になりました。彼自身の臨死体験のすべてが語られています。発売されるや全米で２００万部を突破したとのこと。同著の中で、彼はモンロー研究所で受講したライフラインをはじめとするプログラムの体験に触れています。

ロバート・モンローは、このプログラムを元に「ゴーイング・ホーム」というヘミシンクのアルバムＣＤを制作しました。このアルバムは「変性意識」研究の第一人者であるチャールズ・タート博士（１９３７年〜）と、精神科医でターミナルケア（終末期医療）やサナトロジー（死の科学）の草分けであり『死ぬ瞬間』の著者として有名なエリザベス・キューブラー＝ロス博士（１９２６年〜２００４年）との共同開発です。

まず、このプログラムの前提について説明します。ロバート・モンローおよびモンロー研究所の、一つの仮説だと思ってお読みください。

①私たちは、肉体は無くなっても、意識は残ります。
②肉体の無くなった意識は、「こちら」から「あちら（死後世界）」へ移ります。
③意識（〝魂〟）は、「中継点（The Way Station）」という状態に移ることで、次の生を選ぶことができます。（中継点のことを「フォーカス27」と呼びます）
④しかし、「あちら」に移ったにもかかわらず、何らかの理由でフォーカス27に到着できず、途中で行き詰まっている〝魂〟が存在します。
⑤行き詰まっている〝魂〟は、「フォーカス23（囚われ領域）」「フォーカス24〜26（信念体系領域）」に留まっています。
⑥私たちは「こちら」にいますが、ガイドの協力を得て、そのような〝魂〟にコンタクトし、彼らがフォーカス27に移るのを手助けすることができます。それを「**レトリーバル**

（救出活動）」と呼びます。

⑦レトリーバルは、救出された〝魂〟のためであると同時に、私たち自身の成長にも役立つ活動です。

「ライフライン」プログラムのメインテーマは、以上のような「レトリーバル」を行うことです。主にフォーカス23に囚われている〝魂〟のレトリーバルを行います。レトリーバルは、必ずガイドとともに行う「共同作業」です。

具体的な流れ（プロット）は、以下の6つのステップ。

①まず、**フォーカス27**へ行きます（フォーカス27の意識状態に導かれます）。

②そこで、**ガイド**に協力を依頼します。

③彼らとともにフォーカス23へ行き、助けを求めている〝魂〟に**コンタクト**します。

④〝魂〟を**レトリーバル**（救出）し、フォーカス27に連れて行きます。

⑤フォーカス27では、〝魂〟の到着を待っている人たちが**出迎え**ます。

⑥最後に、自分の**スペシャル・プレイス**に行き、少し休んだあと、ゆっくり戻ります。

エクササイズでは、このプロットに沿って、さまざまな対象のレトリーバルを行います。対象は、亡くなった肉親であったり、友人・知人の場合もあります。

ところが、面白いことに、まだ生きている人の「意識の一部（側面）」をレトリーバルすることがあります。また、自分の側面をレトリーバルすることもあるのです。

そのようなことから、レトリーバルという手法は、応用範囲の広い**「癒しのテクニック」**の一つである、と言えます。

私は、レトリーバルのエクササイズを通して、ヘミシンクによる誘導瞑想のコツをつかみました。そのときの体験をお話しします。

ついに――コツをつかむ

ヘミシンクによる誘導瞑想のコツをつかみ始めたとはいえ、私にはもう一つ、大きな不安がありました。それは――いまだに、自分のガイドに会えていない（存在を把握していない）という

ことでした。

レトリーバルは、ガイドとの共同作業です。彼らに案内してもらわなければ、救出すべき〝魂〟のところに行くことはできません。

トレーナーからは、「ガイドはいつもそばにいる。わからないのは気づかないだけ」と言われますが、わからないものはわからない。

「認識できなくても、いると仮定して、いるフリをして、いるツモリになって進めていきましょう」とも言われ、そのようにしてきましたが、フリやツモリでは実感できません。とにかく実感したい！――切にそう思いました。

不安を抱えたまま、ついに1回目のレトリーバルのエクササイズが始まりました。

準備のプロセスのあと、フォーカス・レベルを上がるようにガイダンスされます。10、12、15、21。23、24、25、26と進み、フォーカス27に着きました。スペシャル・プレイスに行きます。

さあ、どうしよう。ガイドに会えなければ、何もできない。何もすることはない。

私は開き直りました。

「もう、どうにでもしてくれ！　ガイドに会えなければ、何もしない。このまま何もしない。もし、ガイドがいるなら、**「証拠」**を見せてくれ！」

開き直りというよりも、脅迫です。証拠を見せろ!と。

叫んだあと、私は大の字になって、いっさいのイメージをストップさせました。そして、視覚・聴覚・触覚・嗅覚・味覚——五感のすべてと、感情、感覚をオープンにして、鋭敏にして、ガイドの存在を感じ取ろうと試みたのです。

「もし、そばにいるなら、何かサインをくれ!」と叫びました(実際に声を出して)。


待ったのは一瞬でした。

左うしろの方から——何かが覆いかぶさってくるような感触がありました。

そして、頭蓋骨の左側をグイッと押すような、ズキンとするような痛みがやってきました。

回数は、二回です。ズキン、ズキン。

「あ、いるんだ」——初めて確信に近いものがありました。

会話したわけではありません。見えたわけでもありません。しかし、確実に、私の要求に対して反応があったのです。「ズキン」と。

「よしっ! 行ける!」

と思った次の瞬間——私の立っている地面にボコッと穴が開きました。ワッと、私は落下していきました。スカイダイビングの、パラシュートを開く前の、急降下のような感覚です。

くるくると回転しながら落ちていきました。

――初めての、レトリーバルの開始です。

フォーカス23に到着しました、とアナウンスがありました。真っ暗闇です。何も見えません。五感のすべてをフル稼働して、何かを感じ取ろうと努力しました。焦るばかりで、何もわかりません。しばらくして、あきらめかけた頃、ぼんやりと何かが見えてきました。

深い山奥の森林の中です。暗い。夜でしょうか。ほとんど直角に近いほど急斜面に、ぽっかりと空間が空いていて、そこだけ地面が見えています。

近づいていきました。すると、そこには、たった独りで黙々と木を切り続けている「木こり」がいました。斧《おの》を振りおろし、カツーン、カツーン。延々と切り続けています。

どうやら、ここで何かの事故があったようです。そんな気がしました。本人は、自分が亡くなったことを知らないのか、あるいは知っていてもどうしていいのかわらないのか……。

とにかくこちらの存在に気づいてもらわなければなりません。近くに寄って手を振りましたがダメでした。どうしたら彼の関心を引きつけることができるか……。

ハッと、思いつきました。

私は、ライトセーバー*を取り出し、それを斧《おの》と鋸《のこぎり》代わりにして、その辺に転がっている材木を使い、二人乗りの木の乗り物を彫り上げました。あっという間にできあがりました。スプラッシュ・マウンテン（ディズニーランド）の丸太のボートのような感じです。（＊注：映画スターウォーズに出てくる光の剣。メンタルツールとして使っています）

そして、彼を誘いました。

「どうですか？　一緒に乗りませんか？」

彼は無言のまま、うしろの席に乗ってきました。

そして、柔道着＊＊の腕の縫い込んであるイルカの刺繍を指さして、「これは何だ？」と訊いてきます。（＊＊注：このときの私は、イルカの刺繍のある柔道着を着ているとイメージしていました）

「イルカです。知りませんか？」

「知らない」

「海に棲んでいる動物ですよ。すごく頭がいいんです」

「ふーん」山に住んでいるので見たことがなかったようです。

丸太のボートは上昇していきます。

私の隣に、誰かが乗ってナビゲートしてくれているようです。そんな気がしました。誰だかわかりません。ガイドでしょうか……。

ボートは無事に、フォーカス27に到着しました。

出迎えの人に手渡さなければなりません。丸太のボートは、勝手に、公園の奥にある森の方へとスーッと飛んでいきます。しばらく行くと、少し開けたところに、ログハウスのような木造の家がありました。前の庭には、作業着を着た男たちが待ち構えています。みんなこちらを向いて手を振っています。どうやら、昔の木こり仲間たちのようです。全員が温かく迎えてくれました。彼はうれしそうに近づき、肩を抱き合って、家の中に消えていきました。

こちらを振り向くこともなく……。

しばらく呆然として眺めていました。やれやれ、ホッとしました。

そろそろフォーカス27を離れます、というナレーションが聞こえてきました。

「そうだ、スペシャル・プレイスに戻らなければ……」

移動しました。玄関を開け、中に入り、二階に行って、窓際のバスルームに入り、シャワーを浴びました。すっきりしました。

そのとき、救出に出かける前のサインを思い出しました。〝ズキン〟ときた、あれです。思わず声に出して尋ねてしまいました。

「あなたは誰ですか？」——間髪をいれずに、答えが返ってきました。

「あなた自身だよ！」

「えっ？」

初めてでした。ハッキリと声が聞こえました。いや、実際には心の中に浮かび上がってきた声ですが、私には聞こえた!と思えました。

　私は満足し、ホッとしました。そして、フォーカス27をあとにし、戻ってきました。

　初めてのレトリーバルは、すべて完璧にうまくいったように思えました。自分でもびっくりしました。

　エクササイズのあと、戻ってくる直前の会話についてモンロー研究所のトレーナーに聞いてみました。「誰だ?って聞いたら、あなた自身だって言われたんですが……」。

「オー、それはとても興味深いですね。ガイドはあなた自身でもあるんですよ」とのこと。確かにその通りです。すべて自分自身です。

　ところで、あの「木こり」はいったい誰だったのか、救出したときに聞かなかったので、わかりません。

　しばらく経ってから、おそらく私自身の、意識の一つの側面だったのではないか、と思うようになりました。なんとなく、自分に似たところがあるのです。山奥で、黙々と独りで木を切り続けている……。そんな自分の一つの側面を統合していくプロセスではなかったか、と。すべてが統合されたとは思いません。薄紙をはぐように少しずつ。その第一歩ではなかったかと思っています。

「ライフライン」プログラムは残り2日間。このあともレトリーバルのエクササイズは続きます。コツをつかんだ私は、何度もレトリーバルを体験しました。

満足のいくプログラムでした。手応えを感じました。さらに好奇心が出てきました。もっと探求したいという意欲が出てきました。

「ライフライン」を終えて帰国したあとも、私は毎日のように自宅でヘミシンクＣＤを聴き続け、機会があれば必ずヘミシンクのセミナーに参加しました。そして1年後にアクアヴィジョン・アカデミーのトレーナーになり、３年後の２００９年にモンロー研究所の公認アクトリーチ・ファシリテーターの資格を得ました。

モンロー研究所のプログラムは数多くありますが、主要なものとしては、「ゲートウェイ・ヴォエッジ」「ライフライン」あと、「エクスプロレーション27」「スターラインズ」「スターラインズⅡ」と続きます。その後の私の体験記は、拙著『あきらめない！ヘミシンク』『あきらめない！ヘミシンクⅡ（自己流アセンション）』をご覧ください。

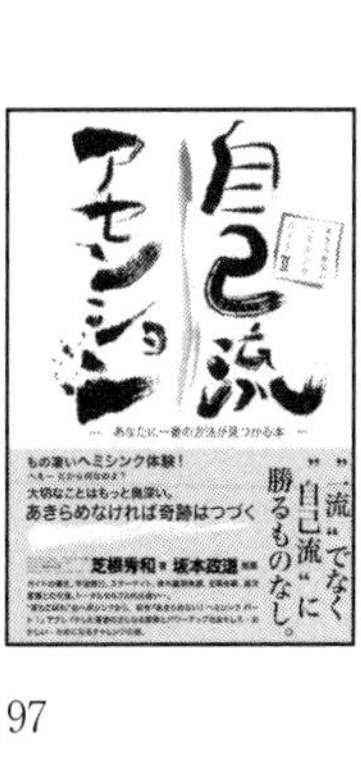

物語の共同創造

ところで、「レトリーバル」のプロセスを実行することは、一つの**「物語」を紡ぎ出す**のに似ています。ハラハラ・ドキドキ、涙と感動の物語になることもあります。「物語を創造」しているという実感があります。

「物語の創造」——これが、誘導瞑想の醍醐味ではないかと思います。

しかも、ガイドや〝魂〟という存在たちとともに物語を創り上げていく——私は、これを**「共同創造」**（Co-creation）と呼んでいます。

「共同創造」こそ、ヘミシンクによる誘導瞑想の最大の特徴なのです。

「レトリーバル」以外にも、モンロー研究所のプログラムにはたくさんのテクニックがあります。たとえば、前述の「リリース&リチャージ」は、恐れを手放すためのテクニックの一つです。他にも「過去世セラピー」「ガイドとの交信」「パターニング」「具現化」などなど。

テクニックが違えば、創られる物語は異なります。物語の流れ（プロット）は同じでも途中のプロセスが違えば、それぞれ異なるさまざまな物語が創り上げられます。

物語を共同創造するという瞑想体験を通して、私たちは、心が癒されたり、囚われから解放されたり、悩みが解消されたり、あるいは落ち込みや不安な状態から回復し、生きる元気が湧いてきたり、前向きに生きていけるようになったりします。

物語はバラエティに富んでいます。登場人物が異なれば違ったストーリーが展開します。人が作った物語を読むのではなく、自分たちで創り上げていくのです。楽しいです。面白いです。そして、飽きない。

飽き性の私がなぜ、ヘミシンクの誘導瞑想を続けられたのか――それは、物語を共同創造する喜びがあったからだと思います。

「共同創造」については、次の章で説明します。

第3章　ヘミシンクによる「共創瞑想」――共に物語を創りあげる

「共同創造」の瞑想とは？

ここまで、私の実体験をもとに、「瞑想」「誘導瞑想」「ヘミシンクによる誘導瞑想」について述べてきました。要点をまとめると、以下のようになります。

ヘミシンクによる誘導瞑想の特徴は、以下の通りです。

①言葉、音楽、効果音に加えて、**モンロー研究所の「ヘミシンク」**という音響技術を誘導ツールとして活用する。それによって、安全かつ効率的に瞑想状態に導くことができる。

②「**想像する**」という心の働きを、人間の持っている自然な精神活動の一つととらえ、それを積極的に活用する。

③誘導瞑想では、イメージを共通言語として非言語のコミュニケーションを行う。**「イメージのキャッチボール」**を繰り返し、ラリーのように続けていく。
④イメージのキャッチボールで大切なことは、私たちの**「アクティヴ」**な態度。意識的に判断し、意識的に（イメージで）行動する。

ヘミシンクによる誘導瞑想のプログラムは、「スピリチュアル」あるいは「トランスパーソナル」な**「仮説」**をもとに作られています。
①「**Here**（こちら）／**There**（あちら）」など、２つの世界が存在している。
②私たちは何度も「転生」を繰り返している。過去、現在、あるいは未来も含めたすべての人格の総体を「トータルセルフ」「Ｉ／There（あちらの自分）」という。
③私たちには、意識の成長を手助けしてくれる**「ガイド」**など、非物質の知的存在が複数関係している。

ヘミシンクによる誘導瞑想の醍醐味は、**「物語の共同創造」**です。
①ガイドや〝魂〟たちと**共に物語を創り上げていく**。
②物語の共同創造を通して、**癒し**や**解放**が起こり、生きる**活力**も生まれる。
③物語はバラエティに富んでおり、創造する**喜び**がある（何より、飽きない）。

④「レトリーバル」「リリース&リチャージ」「過去世セラピー」「ガイドとの交信」「パターニング」など共同創造のためのさまざまな**テクニック**がある。物語の**プロット**が用意されている。

共同創造の瞑想——私は、略して**「共創瞑想」**と呼んでいます。

ヘミシンクによる誘導瞑想には、**「アクティヴ」**な態度が必要。

○誘導瞑想の世界に没頭していても、常に「もう一人の自分」の意識を保ち、よく観察し、変化に気づき、自分のやっていることを自覚し、意識的・意図的に行動する——没頭している自分と、それを観察している自分——このような意識状態になれたとき、誘導瞑想はうまくいく。まさに——**「マインドフル」**な意識状態。

○「アクティヴ」な態度を育てるためには、「マインドフルネス」のトレーニングが不可欠。

この章では、以上の点をさらに詳しく説明します。

モンロー研究所とヘミシンク

この節では、モンロー研究所とヘミシンクの基礎知識についてお伝えします。すでにご存知の方は読み飛ばして、次にお進みください。

◆モンロー研究所――人間意識の探求

まず、モンロー研究所についてご紹介します。

モンロー研究所は、米国ヴァージニア州フェイバーにある非営利の教育・研究機関であり、ロバート・モンロー（１９１５〜１９９５）によって設立されました。「人間意識の探究」を主要な活動領域とし、「ヘミシンク」を活用した独自の教育プログラムと、専門機関との共同研究を行っています。

The Monroe Institute®
Explore Consciousness ~ Transform Your Life

ロバート・モンローは、ラジオ番組制作会社やケーブルテ

レビ会社を経営するなど、放送業界の著名なエグゼクティブでしたが、1958年に彼の人生を劇的に変える自然現象を経験しました。体外離脱体験（Out of Body Experience ＝ OBE）です。ある夜、彼は自分が肉体を離れて上に浮いていることに気づいたのです。その体験をきっかけに、それまでまったく関心のなかった意識探求の世界に足を踏み入れることになりました。これらの個人的な体験は『ロバート・モンロー「体外への旅」―未知世界の探訪はこうして始まった！』（ハート出版）、『魂の体外旅行―体外離脱の科学』（日本教文社）、『究極の旅―体外離脱者モンロー氏の最後の冒険』（日本教文社）として出版されています。

ロバート・モンローはその後、私財を投じて研究グループをつくり、自分と同じ体験を可能にするような技術についての研究を開始しました。その研究成果が、ヘミシンクの開発へとつながりました。ヘミシンクを活用することで、体外離脱をしなくても意識の探求が可能になりました。

その後、1970年代前半に、初期の研究グループからモンロー研究所が生まれ、ヘミシンク技術を用いて意識の探究を行う学習セミナーを開始しました。これらのセミナーは、アメリカ合衆国のみならず世界中で開催されました。そして1979年に、現在の地に恒久的な研究施設が建てられました。

それ以来、多くの人々がこの地を訪れ、モンロー研究所に宿泊して行なわれる「滞在型プログラム」に参加してきました。さらに現在では、公認のアウトリーチ・ファシリテーターによるワークショップが世界中で開催されています。自宅学習用のヘミシンク教材や誘導瞑想用のＣＤが発売されており、ヘミシンクを利用できる機会は増えています。
モンロー研究所では50年以上にわたって心理学、精神医学、医療、生化学、電気工学、物理学、教育学などさまざまな研究機関との学際的な共同研究を行っています。ヘミシンクの技術は、これら専門研究機関とのコラボレーションによって科学的にも証明され、臨床的にも応用されているテクノロジーです。さらにその研究成果は、モンロー研究所の教育プログラムにもフィードバックされ、カリキュラムの強化に役立っています。

【モンロー研究所の活動内容】

①ヘミシンクを使った**教育プログラム**の開催・指導
◎モンロー研究所での滞在型プログラムの開催。
◎世界各地で開催されているアウトリーチ・ワークショップの指導。
②ヘミシンクを用いた専門機関との**共同研究**
◎教育学、医療、心理学・精神医学、物理学など、さまざまな専門機関と共同研究。成果の発表。
③ヘミシンク**CD**の製造・販売
◎ゲートウェイ・エクスペリエンス、メタミュージックなど200タイトル以上のヘミシンクCDを開発・製造・販売。日本語版も順次開発中。

（ＣＤの製造・販売は、営利企業のモンロー・プロダクツが行っています）

【モンロー研究所のスタンス】

ロバート・モンローは、既存の宗教のような教条主義に陥ることを極度に嫌っていました。そして、人から教えられたり強制されたりするのではなく、自らの体験を通して発見することを最も重視しました。彼は、自分が話したり本に著してきたことすら、それは自分の仮説であり信じる必要はない、と言っています。「私の言うことを信じないで、自分で調べなさい（Don't believe anything I say; go find out for yourself.）」というのが彼の口癖でした。

ロバート・モンロー亡き後のモンロー研究所でも、このスタンスは変わっていません。そのため、世界中のあらゆる宗教、信条の人たちがモンロー研究所を訪問しています。

私の所属するアクアヴィジョン・アカデミーは、モンロー研究所で開発されたヘミシンクと、それを用いて得られるさまざまな知見を日本に正しく伝え普及することを目的に、２００５年に設立されました。アクアヴィジョンでは、モンロー研究所のプログラムを日本で開催したり、米国ツアーを実施したり、独自のヘミシンク・セミナーを開催するほか、ヘミシンクＣＤの販売などの活動を行っています。

世界に20名弱しかいない公認レジデンシャル・ファシリテーターの一人である坂本政道が代表

を務め、さらに11名の公認アウトリーチ・ファシリテーターを含めて12名のヘミシンク・トレーナーが所属しています（２０１６年1月現在）。

くり返しになりますが、モンロー研究所やアクアヴィジョンには、〝教え〟のようなものはありません。ヘミシンクというツール（道具）を提供し、その使い方をお伝えしているだけです。そして、ツールを使ったプログラム（セミナー）を開催しています。

強制するものは何もありません。ツールを使って何を得るかは、その人次第――というスタンスなのです。

◆ヘミシンクの原理――第3の周波数と全脳状態

次に、「ヘミシンク」についてご紹介します。

ロバート・モンローのアプローチは、「音響技術を用いて脳波や意識に影響を及ぼせないか？」というものでした。彼の専門である音響技術を使って脳波を誘導し、意識に影響を及ぼそうと考えたのです。

しかし、ここには大きな問題がありました。モンローが誘導したいと思っている、深い瞑想など変性意識状態のときに表れる脳波は、主に10ヘルツ以下という低いものですが、この音域は人

Hemi Sync
By Monroe Products

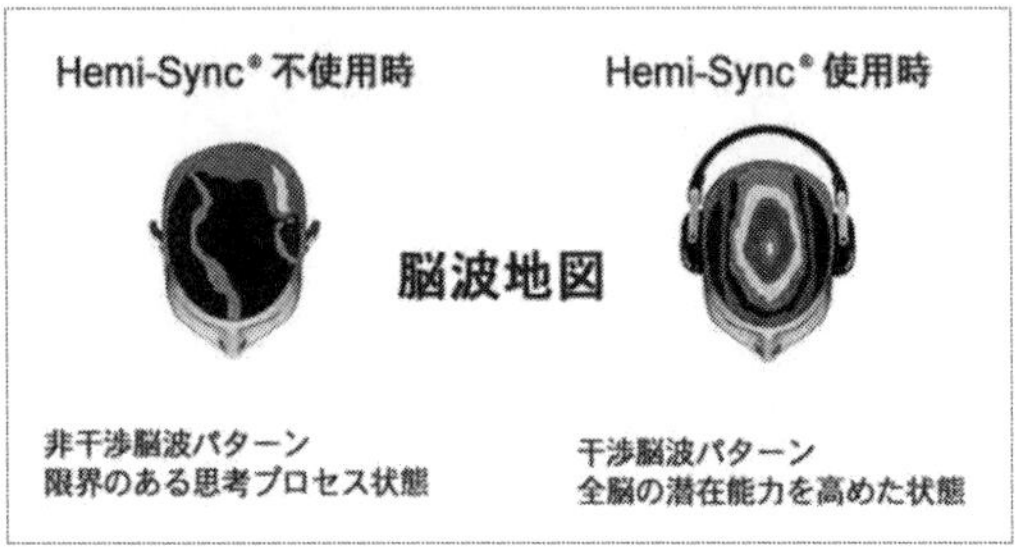

間の可聴領域にはありません。人間の耳に聞こえるのはおよそ20ヘルツから1万7千ヘルツと言われているからです。

そこで彼は、すでに知られていた「バイノーラル・ビート」という現象（両耳性うなり）を応用し、それをもとに研究を重ね、さらに改良して、最終的にヘミシンクを開発し、特許を取得しました。

ヘミシンクを利用する際には、ヘッドフォンを通して両耳に異なった周波数の音を聴かせます。たとえば、片方の耳に100ヘルツ、もう一方の耳に104ヘルツの音を聴かせたとします。すると、この二つの音が脳幹と呼ばれる部位で合成されて、その差4ヘルツで振動する**「第3の周波数」**が発生します。そのとき脳は、新しく脳幹で発生した4ヘルツに同調し、しかも右脳と左脳に同時に伝えられます。その結果、脳は自然に4ヘルツの脳波に誘導され、さらに左右両脳が同調して活動する**「全脳状態」**に導かれます。これが――ヘミシンクの基本的な原理です。

実際のヘミシンクCDには、1種類だけでなく、いくつ

脳波	振動数	心身状態
ガンマ波	＞30Hz	神秘的状態、超集中
ベータ波	14 - 30Hz	はっきりと目覚めていている状態、日中の活動
アルファ波	7 - 14Hz	リラックスしている状態、知覚が開かれている
シータ波	4 - 7Hz	深いリラックス、浅い眠り、瞑想状態、高い創造性
デルタ波	0.5 - 4Hz	深い眠り、深い瞑想状態、身体の回復

※ヘルツ Hz とは、１秒間に変化する回数。　※詳しくは専門の研究報告などをご参照ください。

【表】振動数別の脳波の名称およびその心身状態

もの周波数ペアがブレンドされ、複雑なサウンドパターンが構成されています。

ちなみに脳幹とは、音源の方向を知るための器官です。また、この例の場合、誘導された４ヘルツの脳波はシータ（θ）波と呼ばれる深いリラックスや瞑想状態で見られるものです。

左右両脳が同調する全脳状態という現象は、日常的には稀にしか起こりません。右脳はイメージ脳、左脳は論理脳と言われていますが、普段はどちらかの脳が優位に働いています。ヘミシンクを聴くことによって、この２つが同調して活動するという現象が発生します。しかもヘミシンクを聴いている間、その状態が維持されるように誘導されているのです。

ヘミシンク（Hemi-Sync®）は、「左右半球脳の同調」を意味する、ヘミスフェリック・シンクロナイゼーション（Hemispheric Synchronization）を略したもので、ロバート・モンローによる造語です。

【ヘミシンクの安全性】

ヘミシンクに関するモンロー研究所と専門機関との共同研究は現在も続けられ、さまざまな応用技術が生まれてきました。その成果として数々のヘミシンクCDが開発され、世に送り出されてきました。そして、多くの人々に利用されるほか、セラピストや医療機関、教育者などの専門家にも広く活用されています。また、ヴァージニアのモンロー研究所において実施される滞在型プログラムをはじめ、世界中のヘミシンク・ワークショップにおいて利用されています。

ヘミシンクは、長年の研究と実績によって安全性と有効性が証明されています。また、サブリミナル（潜在意識に働きかける）メッセージは使われていません。リスナーは、常に自分自身のコントロールを失うことはありません。洗脳やマインドコントロールなどとはまったく異なるものです。副作用もなく、習慣性もありません。

ヘミシンクは、聴く人の意識を強制的に、あるいは自動的にある状態にさせてしまうものではありません。あくまでも**「誘導」**にすぎません。ヘミシンクによって生み出された周波数に同調しやすくなる、というものです。

モンロー研究所の元研究部長であるスキップ・アットウォーターは、ヘミシンクと意識の関係を、次のように例えています。

「リズミカルな音楽を聴くと、わたしたちは踊りたくなります。あるいはリズムを取りやすくなります。しかし、リズミカルな音楽を聴いたからといって、強制的に踊らされるわけではありません」

【ヘミシンクの応用例】

現在、ヘミシンクは以下のような分野で応用されています。それぞれのテーマに合わせた誘導用のヘミシンク周波数とサウンドパターンが使われています。

からだの健康

◎免疫力向上のための心身の繋がりの強化
◎病気や手術からの回復速度の向上

こころの健康

◎ストレスの解放
◎不安の解消
◎心的エネルギーの補給

知覚の拡大

◎意識状態の探索
◎新しい知覚回路の開放

創造力と問題解決

◎全体把握能力の拡大
◎洞察力の獲得
◎芸術的表現力の強化
◎創造力の促進

瞑想

◎精神の静寂
◎深い瞑想状態の達成と維持

睡眠と夢

◎安眠誘導
◎睡眠周期の調整
◎時差ボケ防止
◎不眠症対策

学習と記憶

◎注意力と集中力の改善
◎知的処理スピードの向上
◎過度な精神活動の減少
◎新しい知見の獲得と維持
◎注意欠陥・多動性障害の改善

【ヘミシンクは補助輪】

ヘミシンクは自転車の「補助輪」にたとえられます。自転車の練習をする時、慣れるまでは補助輪を使っています。補助輪にはエンジンは付いていません。漕ぐのは自分です。自力でバランスがとれるようになったら、補助輪は外します。ヘミシンクも同じように、慣れてくれば、ヘミシンクを使わなくても自分の意思で、意図する意識状態に入ることができるようになります。ロバート・モンロー自身も、「ヘミシンクのテープやCDは、必要が亡くなれば破棄すべき補助輪に過ぎない」と話していました。

◆フォーカス・レベル —— 内なる世界の地図

ここまで、何度か登場してきた「フォーカス」という言葉について、改めて整理します。

ヘミシンクは聴く人の意識を、深いリラックス状態や瞑想状態、あるいは知覚の拡大した状態、至高状態など、さまざまな状態へと誘導します。このような、日常ではありえない特別な意識状態のことを、心理学用語で「変性意識状態」（Altered States of Consciousness＝ＡＳＣ）といいます。

変性意識という言葉は、カリフォルニア大学の心理学者チャールズ・Ｔ・タート博士によって命名されました。タート博士はエリザベス・キューブラー・ロス博士と同じく、ロバート・モンローの共同研究者です。体外離脱（Out of Body Experience＝ＯＢＥ）のネーミングも、モンローとタート博士によって命名されました。

変性意識状態では——

◎変成した時空間の知覚
◎環境（自然・宇宙）との全体的な統合性
◎主体と客体の一体感
◎完全なる幸福と肯定的な情緒
◎高揚した鮮明さと全体理解の感覚

——といった「**至高感覚・至高体験**」のほかに、直感やサイキック能力、リモート・ビューイング（遠隔視）、ヒーリングなどの「**超感覚的知覚**」が可能になるとされています。体外離脱もそれらの体験の一つです。近年では、臨死体験時に見られる意識や脳波の状態との共通性も研究されています。

また、いわゆる「**悟り**」を開いた覚者の意識状態とも言われ、瞑想やヨガ、座禅、滝行、護摩行など昔からの「修行」によって到達できる意識・身体領域とされています。

このように、変性意識にはさまざまな状態が存在します。そこでロバート・モンローは、特定の意識状態を表す指標として、便宜上「フォーカス」（Focus™）という概念を導入しました。そこでは、数字によって意識状態が示されています。そして、それぞれのフォーカス状態（レベル）に導くためのヘミシンク周波数を特定していきました。

これによって、ヘミシンクの周波数に誘導されて共通の意識状態（＝フォーカス・レベル）に導かれ、その領域における体験を共有することが可能になりました。つまり、特定のフォーカス・レベルの周波数を聴くことで、誰でも同じような意識状態を体験することができるようになったのです。

フォーカス・レベルは、いわばロバート・モンローの作成した「内なる世界の地図」です。わたしたちはこの地図を見ながら、安心して内なる世界、向こうの世界を旅することができるのです。

フォーカス・レベルは、目覚めた状態をフォーカス1として、次ページ表のような番号と意識状態が定義されています。

この定義は一つの仮説に過ぎません。ロバート・モンローおよびモンロー研究所だけで使われているものです。したがって、一般に言われている地獄や天国、あるいは幽界、霊界、神界などの概念とは異なります。

また、ここにあげたフォーカス・レベル以外の変性意識状態もあります。ヘミシンクのエクササイズで主に使用する意識状態が特定されている、とご理解ください。

「フォーカス」という概念は、モンロー研究所のプログラムやヘミシンクのセミナーでは必ず使われています。「フォーカス10を使ったエクササイズを行います」など。

しかし、市販のヘミシンクCDの多くでは、フォーカスという言葉は使っていません。カス・レベルの番号も表記されていません。それは、ヘミシンクのことを詳しく知らなくても、気楽に体験してもらいたいからです。

唯一「ゲートウェイ・エクスペリエンス」という6巻セットの家庭学習用シリーズでは使われています。これは、本格的・体型的にヘミシンクを家庭学習したい人のためのアルバムで、フォー

フォーカス 1	意識が物質世界にしっかりある状態。覚醒した状態。C1（Consciousness 1）とも呼ばれている。
フォーカス 10	「肉体は眠り、意識は目覚めている状態」。意識が肉体の束縛から自由になり始める状態。Mind Awake / Body Asleep
フォーカス 12	「知覚の拡大した状態」。意識が肉体的・空間的な束縛から自由になり、五感を超えた近くが可能になる。Expanded Awareness
フォーカス 15	「無時間の状態」。意識は時間的な束縛からも自由になり、過去や未来の把握が可能になる。単に“存在する”状態、“空” の状態とも言われている。The State of No Time
フォーカス 21	「この世（Here）とあの世（There）の架け橋」、物質世界と非物質世界の境界。ここ以上のフォーカス・レベルの意識存在とのコンタクトが可能になる。The Bridge State
フォーカス 23	「囚われの世界」。亡くなったことに気づいていないとか、この世への未練や執着が強いなどの理由で、この世に近い領域に囚われ留まっている状態。New Arrivals
フォーカス 24～26	「信念体系領域」。共通の信念や価値観を強く持つ人たちが集まって一つの世界を作り、集団で囚われている。無数の世界がある。Belief System Territories
フォーカス 27	「中継点」。転生準備のための中継地点。概念的には、受け入れ、癒しと再生、教育、計画などの機能をもつ場所（センター）に分かれている。The Way Station
フォーカス 34/35	地球生命系内の時間を超えた意識の広がり、つながりが把握される。I/There
フォーカス 42	太陽系を超えた銀河系内の意識の広がり、つながりが把握される。I/There Cluster
フォーカス 49	銀河系を超えた銀河系近傍の意識の広がり・つながりが把握される。I/There Super Cluster
さらに上のレベル	この宇宙を超えた意識の広がり、つながり、大いなるすべてに帰還のための大きなエネルギーの流れが把握される。

【表】モンロー研究所による「フォーカス・レベル」の定義

カス10からフォーカス21までのエクササイズを順番に学んでいくものです。

ちなみに、市販のヘミシンクCDには、フォーカス27の周波数までしか入っていません。フォーカス27を超える意識状態は、モンロー研究所のプログラムに参加して体験することになっています。

◆ヘミシンクCDについて

市販されているヘミシンクCDについて、簡単にご紹介します。詳しくは、巻末にご紹介するヘミシンクの入門書やホームページなどをご覧ください。

ヘミシンクのCDを聴くために、特別な装置は必要ありません。市販のCDプレイヤーと、ステレオ・ヘッドフォンがあればOKです。リラックスできる姿勢になり、CDをプレイヤーにセットして、あとはスイッチを入れるだけ。簡単です。

ヘミシンクCDには、たくさんのタイトルがありますが、大きくは4つの種類（タイプ）に分かれます。

①メタミュージック～音楽を楽しみながら、手軽にヘミシンクを体験～

◎ヘミシンク ＋ 音楽。
◎ニューエイジ音楽からクラシック音楽まで、世界の名曲と著名なミュージシャンによる演

- ① メタミュージック　〜音楽を楽しみながら、手軽にヘミシンクを体験〜
- ② シングル・タイトル　〜目的に合わせて、手軽にヘミシンクのエクササイズを〜
- ③ アルバム・シリーズ　〜複数セットのヘミシンク・エクササイズCD〜
- ④ 家庭学習シリーズ　〜自宅でヘミシンクを本格的に学習したい方に〜

（ゲートウェイ・エクスペリエンス）

【図】ヘミシンクＣＤの種類

奏に、ヘミシンクのサウンド技術が組み込まれています。インストゥルメンタルの音楽です。演奏だけで、歌は入っていません。

◎音楽の楽しみとヘミシンク効果の両方を提供しています。純粋に音楽として楽しむこともできます。最も親しみやすいヘミシンクＣＤで、ヘミシンクに慣れるには最適です。

◎現在、90タイトル以上が販売されています。

②シングル・タイトル〜目的に合わせて、手軽にヘミシンクのエクササイズを〜

◎ヘミシンク＋効果音＋音声ガイダンス（有／無）。

◎音声ガイダンス（ナレーション）の入っているものと、入っていないものがあります。音声ガイダンスの入っているものが「誘導瞑想」用です。

◎メタミュージックと同様、ヘミシンクの入門者にはたいへん親しみやすいヘミシンクＣＤです。エクササイズにも気楽に取り組めます。

◎基本的には1つのケースに1枚のＣＤが入っています。

◎日本語版は現在、40タイトル以上が発売されています。

③アルバム・シリーズ～複数セットのヘミシンク・エクササイズCD～

◎ヘミシンク ＋ 効果音 ＋ 音声ガイダンス。

◎特定の目的のために開発された、音声ガイダンスによる誘導瞑想のエクササイズのCDです。複数枚のセットになっており、いくつかのエクササイズを順番に行っていく構成になっています。DVDもあります。

◎初めての人でも取り組める内容になっています。

◎日本語版は、現在9タイトル。

④家庭学習シリーズ（ゲートウェイ・エクスペリエンス）～自宅でヘミシンクを本格的に学習したい方に～

◎ヘミシンク ＋ 効果音 ＋ 音声ガイダンス。

◎本格的にヘミシンクに取り組む人のための、家庭学習用のプログラム。

◎モンロー研究所で開催されるゲートウェイ・ヴォエッジという一週間の滞在型セミナーをもとに開発されました。

◎全6巻、CD18枚、36のエクササイズ。フォーカス10、12、15、21まで、フォーカス・レベルの順にエクササイズをステップアップします。

モンロー研究所のプログラムやヘミシンクのセミナーでは、ここにあげた市販のヘミシンクCDも聴きますが、それぞれのプログラム専用に作成された音源を使用しています。

以上で、モンロー研究所およびヘミシンクの基礎知識のご紹介は終わりです。

肉体を超える存在――スピリチュアルな仮説

さて、ロバート・モンローおよびモンロー研究所のヘミシンクによる誘導瞑想のプログラムは、「スピリチュアル」あるいは「トランスパーソナル」な**「仮説」**をもとに作られていると説明してきました。

モンロー研究所には、「ゲートウェイ・アファメーション」という最も基本的なアファメーション（宣言文）があります。エクササイズの最初に、必ず心の中で唱えます。それは、**「私たちは、肉体を超える存在です」**（I am more than my physical body.）で始まります。まさに――私たち

この世	こちらの世界 物質界…	外面	意識	顕在意識	**Here** **ヒア＝こちら**
あの世	向こうの世界 非物質界 普遍的無意識	内面 内なる世界 宇宙意識…	無意識	潜在意識 集合意識	**There** **ゼア＝あちら**

【表】２つの世界

は**「スピリチュアルな存在」**あるいは**「トランスパーソナルな（個を超える）存在」**であることの宣言です。

◆２つの世界

私たちは伝統的に、「あの世」と「この世」、あるいは「意識」「無意識」など、２つの世界があることを知り、それを受け入れています。

ロバート・モンローは２つの世界をシンプルに、「Ｈｅｒｅ（ヒア＝こちら）」と「Ｔｈｅｒｅ（ゼア＝あちら）」と表現しています。

◆トータルセルフ／ハイヤーセルフ／ガイド

モンロー研究所のプログラムは、私たちの意識の成長を手助けしている存在がいる、という仮定のものとに組み立てられています。

〝私〟という存在は、今ここにいる〝私〟だけではない。たくさんの〝私〟がいる。〝私〟たちは遠い過去から転生を繰り返してきた。そのような——過去、現在、あるいは未来も含めた「すべての自分の人格の総体」を、モンロー研究所のプログラムでは**「トータルセルフ」**と呼んでいます。
一般的には「オーバーソウル」「大いなる自分」などの呼び方がありますが、いずれも同じような概念ではないかと思います。ロバート・モンローは、これも単純に「I／There（アイゼア）」と呼びました。「向こうの自分」「あちらの自分」です。

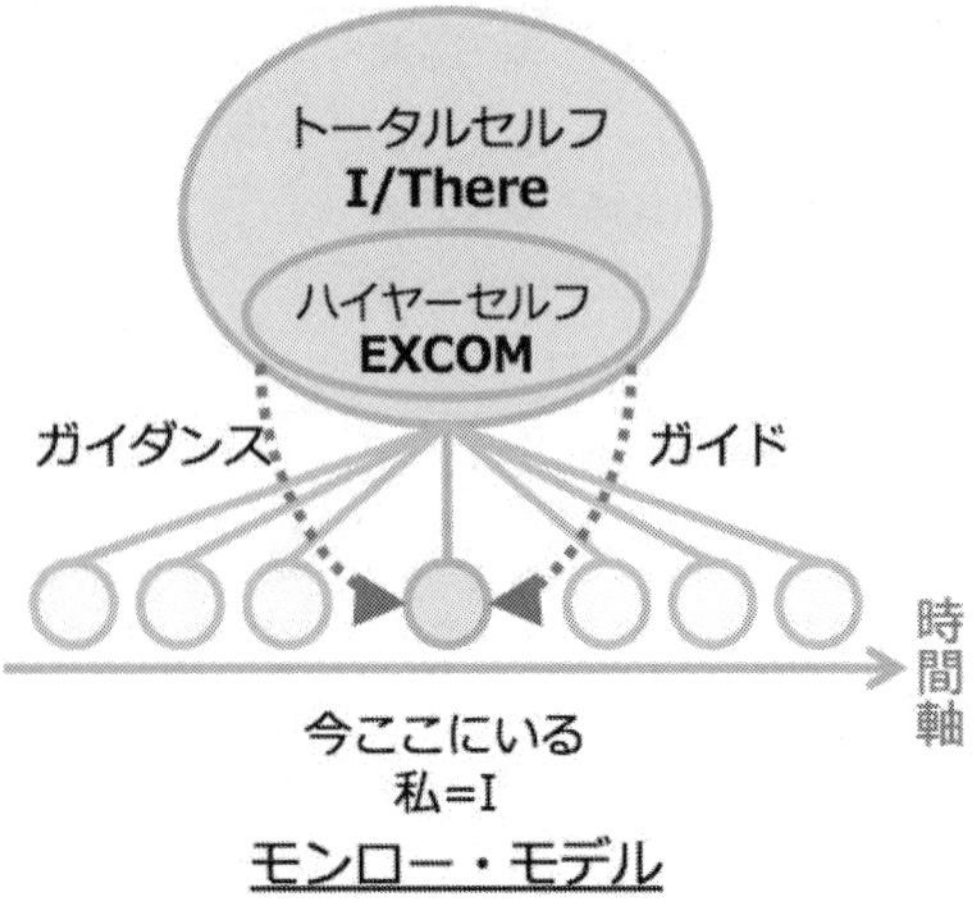

【図】トータルセルフ

トータルセルフの中には、中心となっている存在たちが複数いると言われています。それが**「ハイヤーセルフ」**です。ロバート・モンローはその集団を「エクスコム（EXCOM）」と呼びました。エグゼクティブ・コミッティ＝代表委員会（Executive Committee）の略です。そして、ハイヤーセルフやトータルセルフの中で、私たちの成長を促し、導いている存在のことを**「ガイド」**と呼んでいます。

ただし、モンロー研究所でもこれらの名称が統一されているわけではありません。トレーナーの中でも、「ガイド」という言葉は使わず、「ハイヤーセルフ」あるいは「ハイヤーマインド」という人もいます。「内なる導き手（インナー・ガイド）」という言い方もあります。あるいはそういう〝存在〟の方には力点を置かず、単に「ガイダンスを得る」という表現を好む人もいます。ロバート・モンローは「ガイドラインズ」というプログラムの中で、「インナー・セルフ・ヘルパー」（Inner Self Helper）という言葉を用いています。単に「ヘルパー」と呼ぶ人もいます。私の所属するアクアヴィジョン・アカデミーでは、「ガイド」という言葉を使うようにしています。本書でもそれに倣っています。

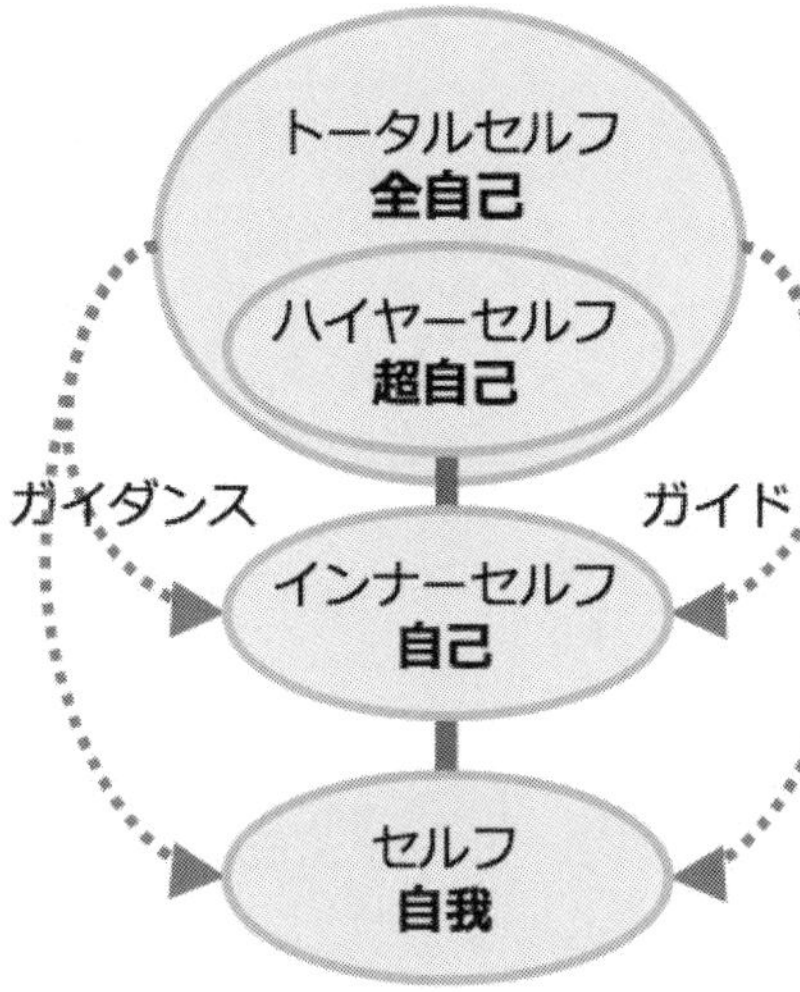

私（芝根）のモデル

【図】三位一体のセルフ

私個人は、自分の実体験から、「ハイヤーセルフ」「ガイド」以外に、**「セルフ」「インナーセルフ」**という存在を想定しています。

〝私〟という存在は、**「セルフ（自我）」「インナーセルフ（自己）」「ハイヤーセルフ（超自己）」**という3つの〝私〟が**三位一体**となって構成されている、と考えたい。これが〝私〟の**中心軸**。そして「ガイド」は、「セルフ」と「インナーセルフ」を手助けしてくれる存在。——私の仮説です。詳しくは、第6

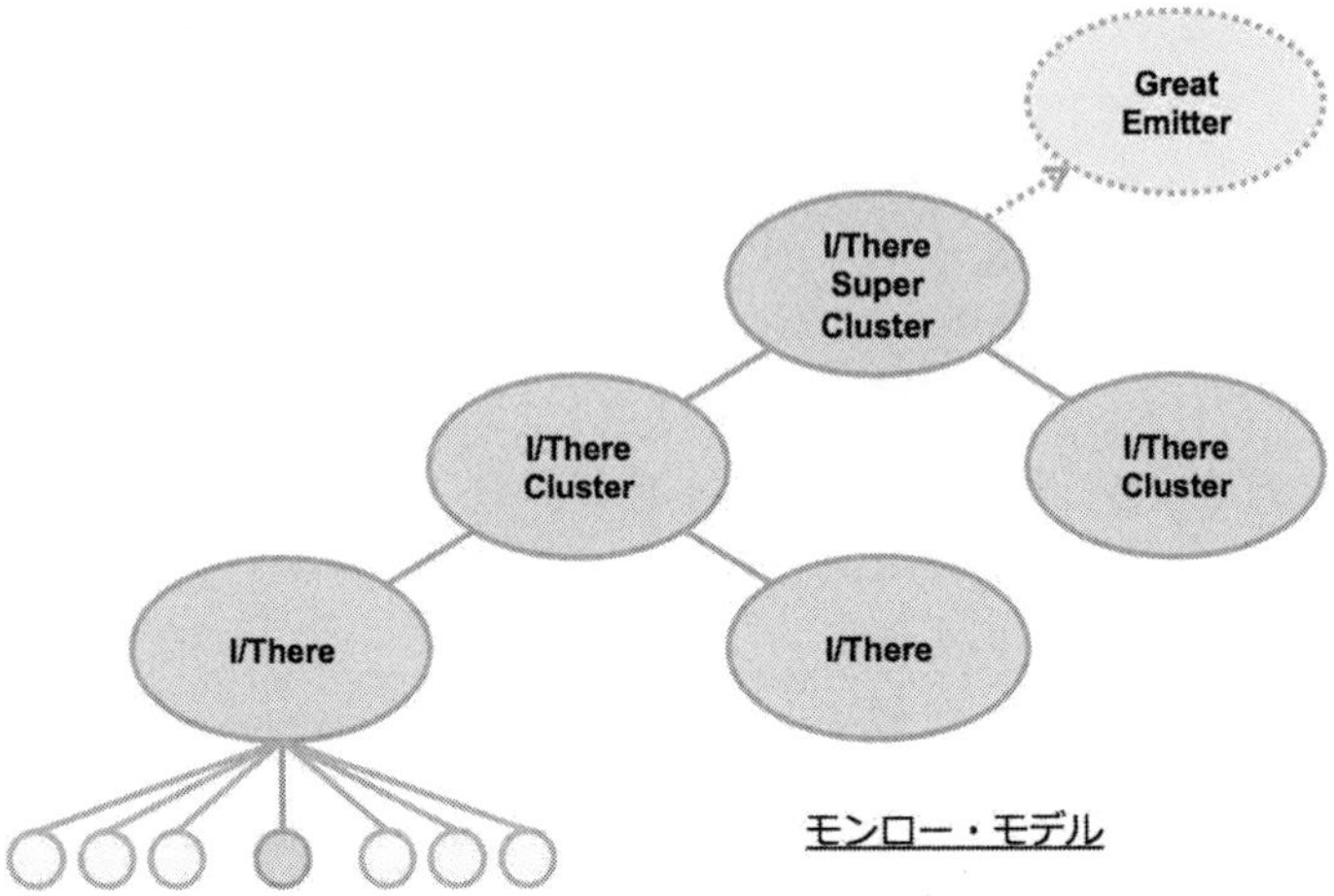

【図】I/There クラスター

章で述べます。

ロバート・モンローが体験的に理解したモデルでは、いくつものI／Thereが集まって、さらに集合的な集団（I／Thereクラスター、I／Thereスーパー・クラスター）が形成されています。

最終的には、すべての源へとつながっています。すべては一つ。ワンネスです。それは、「大いなるすべて（All that is）」と呼ばれたり、単に「源＝ソース（Source）」、あるいは「唯一の存在（The One）」「創造主（The Creator）」などと呼ばれたりしています。ロバート・モンローは「グレート・エミッター（Great Emitter）＝すべての源」と呼び、それは「わたしたちの住む世界を形作った創造的な力の源である」と言っています。

◆ガイドの役割／私たちとの関係

「ガイド」の役割について補足します。

ガイドは、私たちの意識の成長を手助けするために、さまざまな機会を使って、ひらめきや虫の知らせ、直感（インスピレーション）といった形でメッセージを伝えていると言われています。あるいは、偶然を装って、必要な人や本などとの出会いをアレンジしたり、ときには夢の中に現れて気づきを促すこともある……。しかし、私たちは、そのことにほとんど気づいていません。

ガイドとのつながりを思い出し、意図的・意識的にコミュニケーションができるようになれば、私たちは、意識の成長の道をより速やかに、スムースに進んでいくことが可能になります。

モンロー研究所のプログラムは、ガイドなどのスピリチュアルな存在が登場することを前提に構成されています。エクササイズは、彼らと**コンタクト**し、**コミュニケーション**を行いながら進められます。それが、ヘミシンクによる誘導瞑想の最大の特徴――**「共同創造」**のプロセスです。

しかし、モンロー研究所では、ガイドに依存しすぎないように、と注意しています。依存心は、陥りやすい罠、誘惑である。自立心が重要であると警鐘しています。

人生の主人公は、あくまでも私たち自身です。選択権は私たちにあります。ガイドも、依存されることを望んでいません。判断や選択を誰かに委ねてしまうことは、私たちの成長を妨げることになるからです。彼らは「私たち自身」であり、ともに成長していく仲間です。

◆側面（アスペクト）の統合

トータルセルフを構成する私たちは、一つのものから分離してきました。その一つひとつの「個」のことを、モンロー研究所では「人格（Personalities）」「生命表現（Life expressions）」「別の人生（Other lives）」「過去世（Past lives）・未来世（Future lives）」「側面（Aspects）」などと呼んでいます。

もっともよく使われる呼び方は、「**側面**（アスペクト＝Aspects）」です。「分離している側面を**再統合**（Reunion）し、トータルセルフに帰還する」というような使い方をします。

たとえば、インナーチャイルドや幼少期のトラウマという「側面」を癒し統合する、シャドウ（影）になった自分の「側面」を統合する……。前章で取り上げたライフライン・プログラムでの「レトリーバル」では、フォーカス23に囚われている「側面」をレトリーバルすることで統合していきました。

モンロー研究所のプログラムでは、「レトリーバル」だけでなく、「過去世セラピー」や「リリース&リチャージ」など、さまざまなテクニックを使って「側面」を再統合します。そして、最終的にはすべての「側面」が、アイゼア、アイゼア・クラスターという「全体」へと再統合（帰還）し、究極的には「大いなるすべて」へと再統合（帰還）していく――それが、生命としての目的であると仮定しています。

誘導瞑想のエクササイズ

◆音声ガイダンスによる指示と誘導

ヘミシンクによる誘導瞑想のエクササイズでは、言葉、音楽、効果音に加えて、「ヘミシンク」を誘導ツールとして活用します。そして、言葉による音声ガイダンスによって指示されたことを、心の中に思い描いたりイメージしたりしながら、深い瞑想状態を体験していきます。

音声ガイダンスで指示される内容は、大きく分けると、以下のような2種類になります。

①リラクゼーションなどの具体的な指示

たとえば「体をリラックスさせましょう」という指示があります。「呼吸に意識を向けていきます。ゆったりと、鼻から吸い、一瞬止めて、口からゆっくりとロウソクの火を吹き消すように吐いていきます……」といった感じです。「息をするたびに、心身の緊張がほぐれ、あなたはリラックスしていきます……」。このように言われたら、指示に従って、実際に呼吸をしたり、力を抜いたりします。

あるいは、「体の中と外で、エネルギーを循環させましょう」とか「体の周りにエネルギーのボールを作りましょう」といった、エネルギー・ワークの指示もあります。気功やヨガなどをやっている人には馴染みのあるエクササイズだと思います。

②イマジネーションの誘導

たとえば、「あなたはいま、浜辺に立っています。打ち寄せる波が足もとで戯れています」とか「遠くに山が見えます」「爽やかな風が吹いています」「鳥が飛んでいます」といった情景をイメージするような誘導があります。そのときはガイダンスにしたがって、その**情景**を心の中に思い描きます。

また、「打ち寄せる波に耳を傾けています」「階段をゆっくりと登っていきます」とか「ドアを開けて中に入ります」など、**行動**を指示されることもあります。その場合には、イメージの中で、行動します。

あとで詳しく説明しますが、②のイマジネーションでは、「見える」必要はありません。思い描くのです。階段を登っていると思う、ドアを開けたつもりになる、浜辺に立っているフリをする。あるいは、実際に行ったことのある浜辺を思い出してもかまいません。

◆テクニックとプロット

これまでにいくつかご紹介してきましたが、ヘミシンクによる誘導瞑想には、いくつかの瞑想**テクニック**があります。「エネルギー変換箱」という集中のためのテクニック、「リリース＆リチャージ」は恐れを解放するテクニック、「レトリーバル」という癒しのテクニックなど。他には、「過去世セラピー」「ガイドとの交信」「パターニング」などもあります。

プロットというのは、物語の基本的な流れです。ヘミシンクによる誘導瞑想は、「物語の共同創造」だと説明してきました。物語は、登場人物である自分自身と、ガイドや〝魂〟などの状況や反応によって、さまざまに変化します。２つとして同じ**ストーリー**はありません。しかし、全体の流れ＝プロットは変わりません。

たとえば、前章でご紹介した「レトリーバル」のテクニックを使ったエクササイズの場合は、以下のようなプロットでした。

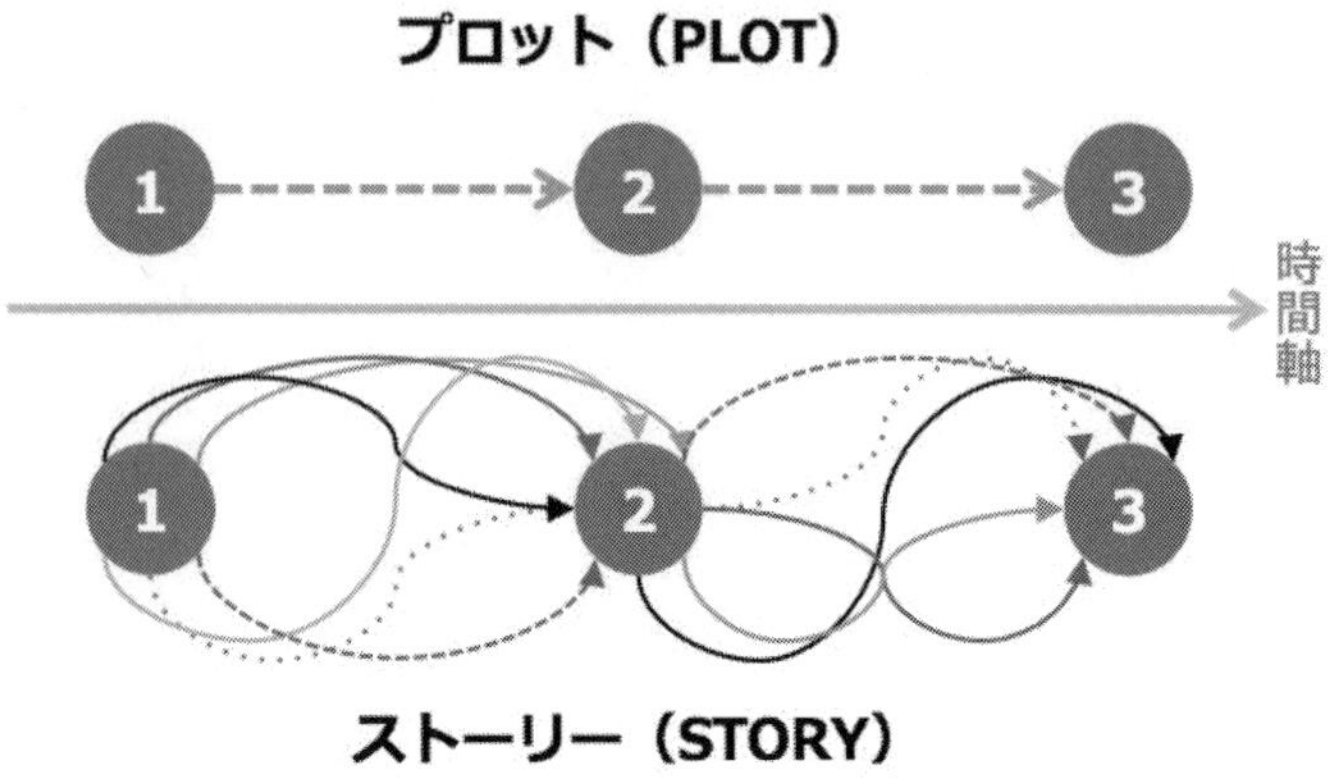

【図】プロットとストーリー

①フォーカス27の意識状態に導かれる。
②ガイドに協力を依頼する。
③フォーカス23へ行き、助けを求めている〝魂〟にコンタクトする。
④〝魂〟をレトリーバル（救出）し、フォーカス27に連れて行く。
⑤フォーカス27では、〝魂〟の到着を待っている人たちが出迎える。
⑥スペシャル・プレイスに行き、少し休んだあと、戻る。

以上が基本的な流れ（プロット）ですが、ストーリーは毎回異なります。

前章の例でいえば、

②でガイドには会えませんでしたが、存在はわかりました。

③では、木こりの〝魂〟にコンタクトしました。

レトリーバル後の⑤では木こりの仲間たちが迎えに来て

いました。

「ガイドとの交信」の場合には、ガイドと出会ったり交信したりするための「場所」に出かけていきます。たとえば、『ザ・ビジット（訪問）』というヘミシンクＣＤの場合は、以下のようなプロットです。

①あなたは海辺の波打ち際に立っています（出発地）。
②海辺から小川に沿って、山の方に歩いていきます。
③山の中、水源にたどり着くと、洞窟があります。洞窟の中を進むと、一番奥に扉があります。
④扉の向こうには「あなたを愛する人・あなたが愛する人」が待っています（目的地）。しばらくの間、交信・交流を行います。
⑤扉が閉まります。来た道を戻り、最初の出発地まで帰ってきます。

基本的にはこの流れなのですが、目的地に行くまでの間や着いてから何が起こるか、誰と出会うか……毎回異なります。

『モーメント・オブ・レバレーション（啓示の瞬間）』というヘミシンクＣＤの場合は、７段の螺旋階段を登って雲の上（目的地）に行って戻ってくる、というプロットになります。

ヘミシンクによる誘導瞑想は、**「物語の共同創造」**です。物語の世界にどっぷりと浸り、自分があたかも物語の主人公になったかのようにイメージしていきます。ヘミシンクのサウンド効果のもと、音声ガイダンスの誘導にしたがって、自身の想像力をフルに発揮していきます。

誘導瞑想と創造性

◆そもそも、想像とは何か？

ヘミシンクによる誘導瞑想では、**「想像する」**という心の働きを、人間の持っている自然な精神活動の一つととらえ、それを積極的に活用する、と説明してきました。

では、そもそも想像とはどういうものなのでしょうか。

想像する（イマジネーション）という心の営みは、誰もが常日頃から行っていることです。特別なことではありません。前章でご紹介した『アクティヴ・イマジネーション』にも書かれていますが、心は自由にさせていれば、おのずとイメージを生み出すものです。典型的には睡眠中の夢です。夢の中では、何の束縛もなく、イメージは展開します。

イメージが出てくるのは睡眠中だけではありません。緊張を緩めて意識の束縛を解けば、昼間でも、どこからともなく何らかのイメージが浮かび上がってくるはずです。

たとえば、昨日見たテレビドラマのシーンを思い出す。ふと、ストーリーの続きを想像してみる。あたかも自分が主人公になったかのように想像する。想像しているうちに手に汗を握っている自分に気づいて、我《われ》に返る……。

たとえば、ふと子供のころの記憶がよみがえってくる。失敗して恥ずかしかった思い出。あのときこうすればうまくいったのに、ああすれば失敗しなかったのに……と想像してしまいます。

あるいは、予定している海外旅行のスケジュールを想定してみる。リムジンバスで成田に行って出国審査をして、パスポートは……スーツケースに入っているから大丈夫。飛行機に乗る……。機内用の枕は持ったし、両替も終わっているし、ガイドブックは持ったし……。

取引先との交渉、プレゼンテーションの場面を想定してみる。あの部長はこれこれが趣味だから、こういう提案をしたらきっとノッテくるはずだ。ひょっとしたらこういう質問が出てくるかもしれない。としたら、別の補足資料が必要になる……。

子供が卒業旅行に行っている。楽しそうだ。そういえば、私も○○年前には同じように楽しかった。あのときは……夜中にこっそり旅館を抜け出して、屋台のラーメンを食べに行った。あの匂い、味は今でも忘れられない。思い出すだけでよだれが出そうだ……。

このように、私たちにとってイマジネーションとても身近なものです。一日中何も思い浮かばないという人はいません。普段から行っている、ごく自然な心の活動です。

◆知覚するために想像する

ヘミシンクを使った誘導瞑想では、「知覚するために想像する」と言われています。それは、「①**潜在意識に届いた情報**、あるいは、②**潜在意識に存在している情報**を、顕在意識で知覚できるように、想像力を使う」ということです。

「①**潜在意識に届いた情報**」というのは、直感やインスピレーションなどの「純粋な情報」です。瞑想を経験していると、直感力が鋭くなってくると言われています。

直感やインスピレーションは、スピリチュアルにいうと、ガイドなど、向こうの世界からのメッ

②潜在意識に存在している情報　①潜在意識に届いた情報

セージです。それは、言葉によらない非言語の純粋な情報（「エネルギー状態」ともいう）としてやってきます。なので、そのままの状態では、顕在意識レベルでは理解しにくいのです。そこで、働くのが想像力、イマジネーションです。

私たちが、「ああかな？　こうかな？」と思い描いたり、「こうかもしれない」「こうなったらどうなるだろう……」などと思いを巡らしたり、ふと何かを思いついたりするのは、インスピレーションとしてもたらされた純粋な情報を、顕在意識で認識できるような形に再現しようとしている、イマジネーションの働きなのです。

「**②潜在意識に存在している情報**」というのは、過去の記憶です。瞑想状態になると、潜在意識の奥底に眠っている記憶や感情が、顕在意識に表れてくることがあります。それらは、曖昧で抽象的なものが多いです。曖昧なんだけれども、何かの意味がある……そのような「象徴的な情報」も、イマジネーションによって把握できるようになるのです。

たとえば、ふとバナナが思い浮かび、同時に悲しい気持ちになった。なぜだろうと思いながら、イメージの中で、そのバナナを食べてみた。すると、幼少のころに亡くなった母のことを思い出した。たしかに、お葬式のあとの食卓にバナナがあったはずだ……。母の死は、幼い自分には受け入れ難いことだった。なぜ自分を置いて母はいなくなったのか。自分は独りだ……。そのことを思い出したことで、少し癒されたような気がする……。

つまり、イマジネーションとは、**「潜在意識レベルに届いた情報、あるいは、潜在意識に存在している情報や記憶を、再現・再統合することによって、顕在意識で知覚できるような形に創り直す能力である」**ということができます。

誘導瞑想中の変性意識状態で想像したことの中には、向こうからの情報やサイン、インスピレーションが含まれています。それは、必ず！と言っていいと思います。「自分の勝手な想像」ということはありえないのです。

ですから、誘導瞑想の最中に自分で想像したり、あるいは何かのイメージが出てきたりした場合には、決して否定しないで、肯定して先に進むことが大切です。否定すると、そこで止まってしまいます。

たとえば、「あなたは波打ち際に立っています」という音声ガイダンスがあったら、その誘導に素直に従います。そして、なぜかハワイのワイキキ・ビーチが思い浮かんだとしたら、「あ、これは昨年旅行で行ったから思い出されたんだ。だから自分の勝手な想像だ。これは違う」などと否定するのではなく、「お、面白い。このまま続けよう。それからどうした?」と、イメージを続けてみるのです。

それが、「想像力を積極的に活用する」ということです。想像力のブレーキを外し、想像することを自分に許し、有効に活用していくのです。

◆イメージが共通言語

老松先生の『アクティヴ・イマジネーション』から、**「イメージの自律性」**ということをご紹介しました。

イメージにはもともと自律性があるので、自我が邪魔さえしなければ、無意識自身の意志によって勝手に動く。つまり、何かのイメージがふと浮かび上がってくるわけだ。これは無意識からのメッセージである。……（以下略）……

【出典】『ユング派のイメージ療法　アクティヴ・イマジネーションの理論と実践』（トランスビュー）

たとえば「箱をイメージしてください。重たいフタの付いた頑丈な箱です」というガイダンスで誘導されたとき、縦横何センチ、表面は何色で、重さは何キロくらいで……と細部まであれこれ想像する必要はありません。「丈夫な箱があればいいな」などと意図しただけで、突然パイレーツ・オブ・カリビアン（海賊映画）に出てくるような宝箱が出てきたりします。勝手にイメージされるのです。しかも、フタには宝石がちりばめられていたとか、ふと気づくと箱にレバーがついていて、それを使うと簡単に開閉できるようになっていたなど、自分では予想もしなかったような展開になることもあります。

このように、イメージの方が勝手に動き始めます。無理やりではなく、自然に。自分では思いつきもしなかった、予想もしなかったような展開になるのです。

前章で、私の体験をご紹介しました。私の実体験からも、思い込みを無くし、心をオープンにしてよく観察していると、「必ずイメージは動く！」と断言できます。必ず！です。必ず！

イメージが勝手に動き始めるとき——それは、向こう（無意識）からこちら（意識）への、コミュニケーションの始まりです。

あなたは箱をイメージしました。すると、箱に宝石やレバーが付きました。そのことにあなたは気づきました。——ほんの些細なことかもしれません。「こんにちは」という挨拶のようなものかもしれません。しかし、それが始まりなのです。

イメージを介するコミュニケーション——イメージを媒介にして、向こうとこちらがコミュニケートするのです。イメージが、向こうとこちらの**共通言語**なのです。イメージという共通言語をもとに、双方向のコミュニケーションを行う。それが――「イメージのキャッチボール」です。イメージというボールを、向こうとこちらで投げたり受け取ったりするのです。

一方通行ではダメです。こちらからどんどん投げるだけでもダメ。相手からのボールを受けるだけでもダメ。ましてや飛んできてボールを全部後ろに逸らしていたら、まったくダメです。双方向のキャッチボールです。投げて、受けて、投げて、受けて……。

前章でもお話ししましたが、キャッチボールを続けていくと、次第にスピードが速くなり、テニスや卓球のラリーのようになっていきます。そして、ついに――相手と自分の区別がつかなくなる瞬間があります。パッ、パッと、ひらめく、わかる、という瞬間。直感、インスピレーション。それは、ゾクゾクするような瞬間です。

◆非言語コミュニケーション

ところで、**「想像する（イマジネーション）」**ことは、**「視覚化する（ヴィジュアリゼーション）」**ことだけではありません。もちろん視覚的に想像することも含まれますが、イマジネーションはそれだけではありません。もっと広い概念です。

たとえば、「箱」をイメージするとき、それを視覚的に思い描くこともできますが、単に「箱があると思う」「箱があることにする」「箱があるツモリになる」「箱があるフリをする」というだけでも、イメージしたことになるのです。

同じように、「箱に宝石が付いた、レバーが付いた」と表現したとしても、実際に宝石やレバーが「見えた」というだけでなく、見えないけど宝石やレバーがあるのが「わかる」という場合もあります。それも、イマジネーションに含まれます。あるいは、「何かキラキラ輝いているように感じます。たぶん宝石だと思います」とか、「ふたの開くギィーという音がしたような気がします」といった場合も同様です。

「見える」という視覚以外に、イマジネーションにはどのようなものがあるのか、整理してみましょう。

◎直感（インスピレーション）

わかる、ひらめき、気がする、気配、印象（インプレッション）など。

◎見える（ヴィジュアリゼーション）

画像もあれば映像もある。白黒もあればカラーもある。

シンボルや光、色のパターンの場合もある。字が見えることも。

◎聞こえる

音がする、曲が聴こえる、声がする、言葉で話しかける……。

◎体感する

暑い、寒い、触られる、圧力、エネルギーが流れる、風を感じる、痛む……。

◎感情が起こる

わくわくする、嬉しい、悲しい、怖い、不安……。

◎匂いがする

人の匂いがする、雨の匂いがする、太陽の匂いがする…。

言葉を使わないで交信・交流することを、**非言語コミュニケーション**（Non-verbal communication）と言います。その場合には、言語の代わりにイメージを使っているのです。ロバート・モンローは、『魂の体外旅行』（日本教文社）のなかで、「非物質世界では非言語交信が普遍的なコミュニケーションである」と言っています。

◆意図的・主体的に想像する

実は、私もそうだったのですが、誘導瞑想の音声ガイダンスで指示されても、まったく何もジメージできませんでした。同じような経験をしている人は、かなり多いと思います。

「真っ暗闇で何も見えません。誰も話しかけてきません。何も起こりません」

「光のようなものが見えたような気がします。何だったんでしょうか？」

「食べ物が出てきました。お腹が空いているからでしょうか？」

「子供のころのことを思い出しました。なぜでしょうか？」

「眠くて眠くてたまりません。寝てもいいですか？」


実は、「何も起こっていない」のではなく、「何も起こしていない」のです。何も起こっていないのは、自分の姿勢がパッシブ（受動的）だったからです。アクティヴ（能動的）ではなかった。

大切なことは、「自分自身は、どうしたいのか?!」ということです。自分から「意図的・主体的」に関わっていけば、向こうも応えてくれます。何もしなければ、向こうは何も応じてくれません。何もしなければ、何も起こらないのです。


何も見えなければ、自分からイメージしてみます。

誰も話しかけてくれなければ、自分から話しかけてみます。

それでも話してくれなければ、自分で答えるフリをしてみます。自問自答です。

何も起こらなければ、自分から行動してみます（イメージで）。
何かわからないものが見えたら、それは何ですか？と尋ねてみます。
答えがなければ、○○ですか？　△△ですか？と重ねて訊きます。
触ってみます、匂いを嗅いでみます（イメージで）。
何か食べ物が出てきたら、食べてみます。味わってみます。
何か思い出したら、なぜ思い出したのか尋ねてみます。もっと思い出そうとします。
眠かったら、眠ります。眠ることを自分で選びます。

このように、自分から積極的にイメージしてみることを、「想像を〝呼び水〟にする」といいます。

井戸水をポンプで汲み上げるとき、最初はまったく出てきません。しかし、呼び水を入れることによって、次から次へと井戸水はあふれ出てくるようになります。イマジネーションもそれと同じです。こちらからほんの少しイメージすれば、向こうからどんどん流れてくるようになるのです。

主人公は自分自身。自分で意図し、判断し、自分で行動する。そのような、アクティヴな態度が、誘導瞑想における最も大切な姿勢です。

情報は発信しなければ受信できません。質問しなければ答えてくれません。同じ原理です。あなたが行動すれば、必ず向こうは応じてくれます。

想像と、妄想・空想・雑念・連想

誘導瞑想と創造性について述べてきました。「自分の勝手な想像」でもかまわない、と言ってきましたが、では、想像と、妄想・空想・雑念の違いは何でしょうか？　私は以下のように定義しています。個人的な定義です。

◆妄想——我を忘れて思考の無限ループに

「妄想」とは、「我《われ》を忘れて」何かの考えや思考に囚われている状態ではないかと思っています。さらに言えば、「えーっと、ああして、こうして……あの野郎、ちくしょう、どうしたもんだか……」とか、「何で私だけこんな目に会わなきゃならないの……」「悲しい、苦しい、何あんなことも、こんなことも……」などと結論の出ない「思考のループ」に入りこんでいる状態です。

思考に「憑りつかれている」状態、「思考中毒」に陥っているような状態、「思考の浪費」状態、と言ってもいいかもしれません。「妄想が暴走」し「妄想に翻弄」されています。

誘導瞑想の最中に妄想が始まると、音声ガイダンスに集中できず、「キャッチボール」ができなくなります。インスピレーションの入ってくる余地もなくなります。

途中で、ハッと気づいて「あれ？　今まで何をやってたんだろう……」と我に返る。自分を取り戻す。

妄想に陥らないためには、想像の世界に浸りながらも、それを「観察」し、想像していることを「自覚」している、「もう一人の自分」が必要です。もう一人の自分がいれば、コントロールできます。

常にもう一人の自分を保つためには、そのためのトレーニングが必要です。それが、後で述べるマインドフルネスのトレーニングになります。詳しくは後ほど述べます。

◆空想——キャッチボールのない想像

「空想」とは、「キャッチボールのない想像」です。最初から最後まで、一方的に想像すること。

「空想科学」（サイエンス・フィクション＝ＳＦ）というジャンルの小説や映画もあります。

しかし、誘導瞑想の際に空想することは悪くないと思います。自分の一方的な空想だと思っていても、必ずその中には向こう側からのメッセージが含まれているからです。なので、どこかの段階でフッと、空想することをやめて待ってみる。観察してみる、変化を感じてみる。自分が空想したこと以外の変化はないか……と。そのような、双方向のキャッチボールを始めるのです。そうすれば、次の段階に進むことができます。


ヘミシンクのセミナーで、イマジネーションの練習をやることがあります。たとえば、ヘミシンクのＣＤを聴きながら「何かを食べているところを想像してください。なるべくリアルに」というようなことです。

たとえば、ラーメン。「白い湯気が出ている、美味しそうな匂いがしている、チャーシューがあって、ネギがあって、ナルトも入っている。まずはレンゲでスープをすすってみる。うまい。次は麺。ふーっ、ふーっ。ズルズル……」と完食した後、ふと想像をやめて、周りを観察してみるのです。「丼があって、レンゲがあって、割り箸があって、割り箸の袋があって……ん？　割り箸の袋なんて、自分では想像していないぞ？」ということに気づいたら、袋を手に取ってみる。何気なく裏返してみる。すると、何か文字が書かれている……。

このように、自分で一方的に想像する空想の段階から、双方向のキャッチボールに移ることで、

「共同創造の瞑想」状態に入ることができます。

◆雑念――集中を妨げる雑多な想念

「雑念」とは、文字どおり「雑多な想念」のことです。とりとめもなく、脈絡もなく、思考とも言えないような断片が現れては消え、現れては消え、集中できない。「腹減ったなあ」「明日は会議だなあ」「電車の吊り広告で見た雑誌の記事に」「娘の誕生日はいつだったたっけ？」……。

雑念が出てくるのは、仕方のないことです。人間である限り、記憶のある限り、雑念は消えないものです。消そうとすることには無理があります。ストレスになります。通常の瞑想だと、雑念は相手にせず、放っておく、流す、棚上げする、先延ばしにする、といった対応をします。「意識の手で掴まない」とも言われます。

慣れないうちは雑念の処理に困りますが、「集中」が進んでくると、次第にコツをつかんできます。浮かぶ、流す、浮かぶ、流す……。

ヘミシンクを使った誘導瞑想の場合は、最初から集中できるような周波数とサウンドパターンで誘導されますので、比較的早く、雑念の処理ができるようになります。

雑念の中には、貴重な情報が含まれている場合があります。素晴らしいアイディアを思いついたとか、忘れていた大事な予定を思い出したとか……。そんなときは、無理して瞑想を続ける必要はありません。忘れないうちにメモしておかなくては、忘れないように注意しなくては……と気になって集中を妨げてしまいます。なので、そういうときは瞑想を中断してサッとメモして、また瞑想に戻る、という対応がいいです。

◆連想――誘導瞑想に有効なテクニック

「連想」は、イマジネーションを働かせるときの大事なテクニックの一つです。あるイメージが出てきて、そこから何かを連想する。するとまた別のイメージが出てくる……。雑念と違うのは、脈絡があることです。一つの文脈に沿って思考が連続している。

直感にしたがって「……ということは、どういうことだろう。ひょっとして……かもしれない……」などと連想を働かせることは、誘導瞑想の場合は有効なテクニックになります。

そのためには、「印象」（インプレッション）を大切にすることです。ふとそんな気がした、ふと思いついた……。想像し、印象を大切にし、連想を働かせる。

ヘミシンクによる「共創瞑想」――７つの手順

これまでに説明してきた通り、ヘミシンクによる誘導瞑想は、ガイドや〝魂〟といったスピリチュアルな存在たちと共に物語を創り上げていく「共同創造の瞑想」です。私はそれを略して「共創瞑想」と呼んでいます。

「レトリーバル」「リリース＆リチャージ」「過去世セラピー」「ガイドとの交信」「パターニング」など共同創造のためのさまざまな「テクニック」があります。

物語には大まかな流れである「プロット」は用意されていますが、ストーリーは登場人物たちによってその都度創られるため、バラエティに富んでいます。創造する喜びを味わうことができます。

物語の共同創造を通して、癒しや解放が起こり、生きる活力も生まれてきます。スピリチュアルな存在たちとのつながりも強くなります。本来の自分を表現しながら生きていくことができるようになります。

ここでは、「共創瞑想」のエクササイズを行う際の、具体的な手順をご紹介します。以下①～⑦の手順は、私の実体験をもとに、何度か引用してきた老松先生の『アクティヴ・イマジネーション』の手法を参考にさせていただきながらまとめたものです。

●準備（エクササイズの選定、環境、心構え、姿勢など）

●エクササイズ

①設定――心に思い描く

②意図――意図する

③没頭――浸り、味わう

④観察――観察し、気づく

⑤受容――受け入れる

⑥判断――考え、判断する

⑦関与――行動する、関わる

※④～⑦を繰り返す

●グラウンディング（目覚める、記録する、消化する）

◆準備

【エクササイズの選定】

当然のことですが、ヘミシンクによる「共創瞑想」では、ヘミシンクCDを使用します。どのCDを選ぶか――それが、最も重要なポイントです。

誘導瞑想用のヘミシンクCDは、たくさんの種類があります。その中から何を選ぶか。CDごとにテーマがあるので、自分の目的にフィットするものを選びます。

ヘミシンク・セミナーの場合には、どのコースを選ぶか、ということになります。参加したら、プログラムに沿ってエクササイズが行なわれます。

【環境】

自宅で誘導瞑想用のヘミシンクCDを聴く場合、エクササイズの収録時間は30分～40分（長いもので約1時間）ですので、その間、静かに中断されないような環境を整える必要があります。

聴く時間帯としては、平日だと早朝が理想です。避けたいのは夜寝る前。そのまま寝てしまう可能性が高いのと、昼間の出来事が雑念として出て来やすく、集中しにくいことが多いです。出勤前に、普段より1時間程度早く起きてエクササイズを行うといった努力が必要です。

休日だと、たとえば朝の10時頃とかがいいかもしれません。私の場合は、夕食前の空腹時が理想でした。

ヘミシンクの基本の状態は、フォーカス10という「肉体は眠るか、眠るほどリラックスしているが、意識ははっきりと目覚めている」状態です。ボーッとしている状態ではよくありません。「リラックス&鮮明な意識」が大切だということは、ヘミシンクに限らず、すべての瞑想に共通していることです。

眠い時はやらないほうがいいです。しっかり寝て、すっきりしたところでエクササイズを行います。睡眠用のヘミシンクCDもありますので活用できます。

ちなみに、ヘミシンクのセミナーに参加すると、最適な環境とタイムテーブルでエクササイズに臨むことができます。


【心構え】


心身ともにリラックスを心がけます。深呼吸をしたり、軽くストレッチなどをするのも効果的です。気がかりなことがあるようでしたら、先に片付けておきます。

リラックスに一番役立つのは笑うことです。笑えば心も体もほぐれていきます。嘘でもいいから笑うことです。それでも効果はあります。

エクササイズの最中は、とにかく楽しむことです。そのためには、子どものような好奇心を忘れないこと。次は何が起こるのだろうか、今度はこんなふうにやってみよう、このあとは、いったいどうなるんだろう……。楽しんでいれば、必ず結果が現れてきます。楽しむために、少しでも工夫する。そのプロセスも楽しむのです。

【姿勢など】

食後は眠くなる可能性が高いので、少なくとも1時間以上経ってから開始するのが望ましいです。アルコール、または多量のカフェインなどは避けます。

できるだけ楽な姿勢をとります。ベッドやふとんに仰向けになる、ゆったりとした椅子やソファに座る。慣れている方は、座禅や瞑想のポーズでもかまいません。

体温調節用に毛布などを用意してもいいでしょう。エクササイズの途中で毛布を掛けたり取ったりしてもかまいません。多少なら寝返りをしたり、からだを痒いたりしてもOKです。

あとは、トイレですね。済ませてからスタートします。

ヘッドフォンをして、スタートボタンを押してください。

◆エクササイズ

①設定――心に思い描く

ヘミシンクによる誘導瞑想では、多くの場合、まずはリラクゼーションのための効果音（波の音など）や音楽、ヘミシンク周波数の他に、リラックスするようにとの具体的な指示があります。たとえば、

「リラックスしましょう……」「呼吸に意識を向けていきます……」

「息をするたびに、心身の緊張がほぐれ、あなたはリラックスしていきます……」

しばらくすると、イマジネーションの誘導が始まります。

「海の音に耳を傾けてください。暖かい浜辺に立っているご自分の姿を思い浮かべてください。打ち寄せる波が足元を戯れます……」

「山の斜面のかなり高いところにいると想像してください。頂上の少し下のところです。あなたは草深いくぼみにいます。ここは心地よく、暖かで、まわりには花が咲き乱れています……」

スタート地点です。これから始まります。

「暖かい浜辺」と指示されたら、沖縄の白い砂浜、ハワイのワイキキ、熱海の海岸、南紀白浜な

どを思い出してもいいでしょう。あるいはどこか架空の海辺をイメージしてもかまいません。自分がそこに立っているところを想像します。「山の斜面で、まわりに花が咲いている」と指示されたら、清里や穂高などの高原を思い出してみるのもいいでしょう。

「はるか彼方の水平線で、青い海と青い空が交わっています……。裸足の足が、砂の温かみを感じます。気持ち良く、快適な暖かさです……」

「しばらくの間、この花園で、まわりを見回したり、匂いを嗅いだり、味わったり、感じたり、さわって感触を確かめたりしてください……」

必ずしも「見える」必要はありません。波の音が聞こえる、潮の匂いがする、足の裏に砂の感触がある、風が爽やかだ、暖かい、青い空がまぶしい、花の香りがする……〝五感〟を使って「思い描く」「思い出す」ことをやってみます。

「そんなこと言われても、海なんて見えない、波の音なんか聞こえない、花の匂いなんかしない……」ではなく、まずは自分から行動（想像）します。

見えるまで待つ、音がするまで待つのではなく、浜辺に立っているツモリになる、浜辺にいるフリをする。山の斜面の花園にいるツモリになる、花園にいるフリをする。それが「呼び水」です。それがスタートです。

② 意図 ―― 意図する

すべては、自ら「意図する」ことから始まります。エクササイズの目的を明確にし、自覚します。「意図したあとは流れに任せる」とも言います。いったん意図したあとは、そのことにこだわりません。何が起きてもあるがままを受け入れます。「自分にとって今必要なこと」が起こります。

「このエクササイズは、自分自身の内なる導き手、インナーガイドとの再会と、末長いコミュニケーションを築くためのものです」

「このエクササイズでは、自分のチャクラをよく知り、声と意志によって、チャクラを開き、調和させていきます」

「このエクササイズの目的は、自分の奥深くにある、情報と知識が蓄えられた個人的なライブラリーを探求し、経験することです。そして望んだときにそのライブラリーにアクセスする方法を習得することです」

次のように誘導されることもあります。

「あなたに内在する、知恵の豊かな導き手、内なるガイドの存在を感じてください。……ガイドは、あなたを光の粒子で包みます。……この光に包まれたあなたは、自分を制限したり可能性を狭めるようなものから、あらゆるレベルで守られ、安全です。……感謝の気持ちをあらわしましょう」

ヘミシンクによる「共創瞑想」は、ガイドなどのスピリチュアルな存在との共同作業で進められます。ガイドの存在が感じられなくてもかまいません。「意図する」ことが大切です。ガイドがいるツモリになって、いると仮定して進めます。

③没頭——浸り、味わう

自分が想像した世界に浸り、味わっていきます。

たとえば、「リラックスしましょう」と指示されたら、

「ゆったりとしたソファに座っている……淹れたての珈琲を飲んでいる……お気に入りのジャズが流れている……」

といったことを思い描いてみます。

あるいは、「振り向くと、そこには川があります」と誘導されたら、

「どんな川だろう」「どんな川にしようか」……

と考えてみてください。そして、

「草原のなかを流れる細い小川……メダカが泳いでいる……水際に花が咲いている……丸太の橋が架かっている……」

などと想像してみます。

あるいは、子どものころ住んでいた田舎の田園風景を思い出してもいいでしょう。

自分が物語の主人公になったツモリで主体的に、自分の想像した世界に浸り、その世界をたっぷりと味わいます。

自ら積極的に、想像の世界に関わっていくのです。想像することは意識を向けることであり、

意識を向ければエネルギーはその方向に動きます。それによって、想像の世界はイキイキと輝きを増し、膨らんでいきます。

④観察――観察し、気づく

想像の世界に没頭しながらも、心の中でしばらく見つめてみます。海、砂浜、空、小川、草原、花園……、自分の気持ちの変化、体感覚の変化、音、匂い……細かく観察してみます。客観的な、**「もう一人の自分」**の視点です。

すると、イメージの方に変化が出てきます。こちらから変化させるのではありません。向こうが自律的に変わるのです。「えっ？」と予想もつかないような変化が起こることもあります。「ん？今のは何だ？」と、微かな変化の場合もあります。必ず変化します。変化するまで観察します。

ふと見えたもの、聞こえた気がする、かすかに感じるもの、思い出したこと、感情の動き（嬉しい、楽しい、悲しい……）、直感、ひらめき、気づいたこと、身体感覚の変化（しびれ、振動……）など。

観察します。気づいていきます。オープンマインド。虚心坦懐。心を開いて、思い込みを捨てて、観察してみます。

「ふと足元を見ると、砂の中から小さな蟹が出てきました。自分でイメージしたのではありません。勝手に出てきたのです」

「白い小さな貝殻が落ちていました。私はそんなところに貝殻なんて置いていません」

「暖かい風が吹いてきました。ふと子供のころのことを思い出しました」

「亡くなった母の顔を思い出して、急に懐かしくなりました」

「小川に沿って歩いていると、道端にきれいな花が咲いていることに気づきました。いえいえ、気づいたら咲いていたんです」

「ふと気づくと、そばに誰かがいる気配がしました。暖かい感じです。優しい感じがします。まったく予想していなかったので、びっくりしました」

「そういえば、最初から、右上の方に紫色の光が見えていたような気がします」

「左手がしびれてきました。誰かにつかまれているのではないか、という気がしてきました」


イメージには自律性があるので、必ず変化は起きます。何かが起きます。起きない人はいません。ヘミシンクによる誘導で変性意識に入りやすくなっているので、目覚めているときより変化に気づきやすくなっています。「尻尾《しっぽ》をつかむ」という言い方をすることもあります。ちょっとした変化、動きの気配を見逃さないようにします。

すんなり変化に気づく人もいますが、なかなか感じられない人もいます。反応が感じられない。

動かない。変わらない。そんなときは、「もう辛抱できない」と投げ出す前に——もう一度、ほんの少しの「呼び水」をやってみます。「この次の展開、次のシーンには何が起きるだろう」と、次のストーリーを**「予想」**するのです。

「もし足元を見たら、ひょっとして、蟹とか貝殻が落ちていたりして……」
「階段を登った先に、ひょっとして、紫の光が見てたりなんかして……」

そして、その方向に目を向ける、意識を向けてみます……試してみてください。

⑤受容——受け入れる

もし変化を感じたら、素直に受け止めます。

「蟹がいただけか……」「なんだ貝殻か……」「へえ、母親の顔か……」「光？」
「何じゃそりゃ、たいしたことない、想定と違う……」

などと思わないで、きちんと受け止め、受け入れます。

「おーっ！　蟹だー！」「ほう？　貝殻だぞ！」「お袋！」「光？　まぶしい！」

キャッチボールに例えると――どんな〝大暴投〟でも「へたくそ！」と文句を言わないで、「ドンマイ。ドンマイ」と言ってグラブで受け止めるのです。ボールを後ろに逸らしてはいけません。特に最初の投球を逸らしてしまうと、二球目がなかなかやってこなくなります。

「ガイドに会いたいと思ったのに、蟹が出てきた。これは違う」
「亡くなった父に会いたいと思ったのに、生きている母が出てきた。そんなはずはない」

否定しないように。否定するとストップしてします。肯定すれば続きます。

「ひょっとしたら、ガイドが蟹の姿で出てきているのかも……」
「ひょっとしたら、母が父のところに案内してくれるかも……」

まずは、「あるがまま」に受け止め、「なるがまま」を受け容れます。

⑥判断――考え、判断する

変化に気づいたら、向こうからの動き、起きたことについて、考えます。そして、次に自分は何をすべきかを判断します。

「ひょっとしたら、この蟹はガイドかもしれない」と思ったら、そのまま「やり過ごす」のか、「こんにちは」と話しかけてみるのか、棒でつついて「いじめる」のか……。

「ひょっとしたら、亡くなった父のところに、母が案内してくれるかもしれない」と思ったら、母と父は仲が悪かったから「そんなはずはない」と思うのか、「父のところに連れて行ってくれますか？」と訊いてみるのか……。

「この貝殻は何だろう……」と考えて、「ひょっとして、裏側にガイドからのメッセージが書かれていたりして……」と予想するのか、拾って海の方に「投げ捨てる」のか……。

「この紫の光は何を意味しているんだろう……」と思ったとき、「この光に向かって歩いて行けばいいのか」それとも「ただ見つめていれば何かが起こるのか」と考えるか……。

「ひょっとしたら」でかまいません。「間違ったらどうしよう」などと迷わず、直感的に判断します。「正解」はありません。大事なことは、自分で判断する、自分で選択する、ということです。

⑦関与――行動する、関わる

考え、判断したら、行動します。こちらから関わっていくのです。意識を向けたり、語りかけたり、触ったり、嗅いだり、食べたりするなど、関わり方はいろいろです。判断したら即、行動に移します。行動と言っても、イメージの世界での話です。行動するイメージをする。行動したツモリになる。フリをする。

蟹に対して「こんにちは、あなたが私をガイドしてくれるのですか？　どこかに連れて行ってくれますか？」などと語りかける。

貝殻をたくさん集めて首飾りを作るのをイメージする。あるいは、首飾りができた、と思う。首飾りを首にかけてみる。

花園を歩いていると、リンゴが生っているのに気づいた。もぎ取ってかじってみる。すっぱいけど、甘い。

そして次に、また④に戻り、向こうからの反応を待ち、観察し、気づいていきます。

何の考えも思い浮かばず、どのように行動したらいいか判断できなかったとき——そんなときは、ただボーッとしているのではなく、「今回は休憩する」「今回はやり過ごす」という判断をし、積極的に休んだり、やり過ごすようにします。

エクササイズ中に眠くなったときも、「気が付いたら寝ていた」ではなく、「今回、私は寝る」と自分で判断して行動（寝る）します。

自分で意図して行動する。誰かに**「やらされる」**のではなく、自分で**「やる」**のです。自分で自分をコントロールするように努力します。そのような、意識的・意図的・自覚的な姿勢が**「アクティヴ」**ということであり、顕在意識である私たち自我の最も重要な態度なのです。

※　キャッチボールのスピードアップ

上記④〜⑦を、何度も繰り返します。慣れてくると、キャッチボールのスピードがどんどん速くなってきます。ラリー状態です。すると——自分が投げているのか相手が投げているのか、わからなくなってくるときがあります。

言い換えると、自分がイメージしたことなのか、イメージの方が勝手に変わったのか、その区別がつかなくなってくるのです。

「波打ち際に立っていて、ふと足元を見ると蟹がいて、蟹の行く方について行ったら、小川がありました。小川に沿って歩いていくと、向こうから誰かがやってきました。こんにちは、と声を掛けたら、なぜかバナナをくれました。美味しそうなので、お礼を言って受け取り、早速食べてみました。うまい！」

イメージのキャッチボールが、ヘミシンクの誘導瞑想エクササイズのコツです。1回でうまくいくとは限りません。練習です。慣れです。慣れれば誰でもできることです。

スポーツと同じです。コツをつかむまでは集中的に練習する必要があります。一旦コツをつかんだら、しばらく遠ざかっていても、再開すればすぐに思い出します。

前にも述べましたが、ヘミシンクのエクササイズは、自転車の練習に例えられます。乗れるようになるまでは、集中的に繰り返し練習します。いったん乗れるようになれば、しばらく乗らなくても大丈夫。いつでも乗りこなすことができます。

ロバート・モンローは、「なかなか体験できません。どうしたらいいでしょうか？」というセミナー参加者の質問に対して、「あなたは何回聴きましたか？　テープが擦り切れるまで聴いてみなさい」と答えたことがあるそうです。

◆グラウンディング

エクササイズが終わったら、必ず三つのことを行います。一つは「しっかり目覚める」こと。次に「すぐに記録する」。そして「消化し統合する」。これらをまとめて**「グラウンディング（地に足を付ける）」**と言います。

①しっかり目覚める

ヘミシンクCDには、エクササイズの最後に、変性意識状態から目覚めるための信号音が必ず入っています。「体に意識を戻してください」とか「深呼吸をして、手足を動かしてください」といったガイダンスもあります。

最後まで聴いて、しっかり目を覚まします。目が覚めたことを確認したら、ヘッドフォンを外して起き上がります。

もし、寝起きのときのように意識がはっきりしていなかったり、足もとがふらふらしていたり、ボーッとした感じが残っているときには、意識して肉体とのつながりを確かめるようにします。窓を開けて新鮮な空気に入れ替える。ストレッチをする。水を飲む。食事をする。シャワーを浴びる。散歩をする。裸足で歩く……。

②すぐに体験を記録する

エクササイズが終わったあと、しばらくすると体験したことを忘れてしまいます。夢と同じです。目覚めたときは覚えていても、起き上がるとどんどん忘れていきます。

そこで、「記録する」ということが大切になってきます。専用のノートを用意し、エクササイズが終わったらすぐに記録します。

どんな些細なことでも、メモでも単語だけでも、絵心のある人はスケッチでも、とにかく書いて（描いて）おくのです。そうすれば、後から思い出すためのきっかけになります。手が痺れた、からだが振動していた、光が見えたような気がする、声が聞こえたような気がする……何でも、とにかく書いておく。

解釈や意味づけは無理に行なわないほうがいいです。自然と「わかる」時期が来るのを待ったほうがいい。ときどき日誌を読み返してみと、あるとき「あ、なるほど」と、わかるときがきます。

重要なことは、記録しようと意図し、とにかく記録し始めることです。そうすることで、体験したことを覚えておきやすくなります。体験の頻度も深みも進みます。

誘導瞑想の体験記録は〝ジグソーパズル〟に喩えられることがあります。一つひとつのエピソードは小さい記録かもしれませんが、続けていくと、まるでジグソーパズルのピースを集めるように、いつの間にか大きな物語が完成していることに気づくのです。何ヶ月もかかって完成することもあります。

③体験を消化し統合する

ヘミシンクによる誘導瞑想のエクササイズを続けていると、しだいに知覚の拡大や直感力の向上などを実感するようになってきます。新しい気づきが起こることもあります。今まで経験したことのない感情の動きや感覚の変化、あるいは何か不思議なことを体験する、といったことがあるかもしれません。ヘミシンクに限らず、それらは瞑想を続けることによって起こる自然な成長のプロセスであることが多いのです。

大切なことは、体験したり気づいたりしたことを、自分の中で消化し日常生活の中に定着させることです。そうすることで初めて、体験で得られた成果を自分の中に統合することができます。

そのためには、内面からの衝動やエネルギーを、さまざまな形で表現したり、行動に移したりすることが有効です。具体的な方法は、人によって千差万別です。絵画や音楽、詩、小説といった芸術で表現する人もいれば、ヨガや気功などのエネルギー・ワーク、何かのスポーツ、あるいは、仕事だったり、家庭生活だったり、コミュニティ活動だったりするかもしれません。

瞑想によって得られた貴重な体験、知識、知恵、経験、気づきなどを、日常生活の中で活かしていく——現実社会をよりよく生きていくことが大切です。

ヘミシンクによる誘導瞑想のエクササイズを通して、多くの方々が自由に、創造的に、楽しく生きていくことを学んだり、直感力や問題解決力を磨いて仕事などに活かしたりしています。あるいは、心の痛みや悲しみ、苦しみを乗り越え、それを歓びに変えて希望を持って生きていけるようになった人たちもいます。

瞑想を実践する目的は、単に「向こうの世界」を体験するだけでなく、それを通して「こちらの世界」をよりよく生きていくためです。大切なことは、「向こう」とのつながりを常に維持しながら、「こちら」の世界を生き切るということではないでしょうか。

マインドフルネスが欠かせない

「はじめに」にも書きましたが、ヘミシンクの誘導瞑想のエクササイズを続け、さらにトレーナーとして他の人にも伝えるようになってから、新たにわかってきたことがあります。

それは、ヘミシンクによる誘導瞑想の体験をさらに深めていくためには、「マインドフルネス瞑想によって培われる〝観察力〟〝自覚力〟が不可欠」だということです。観察力・自覚力を別の言い方にすると、〝気づき〟です。気づく力を高めることで、誘導瞑想の体験はさらに進んでいくのです。そのことを実感するようになってきました。

「マインドフルネス」については、第4章のテーマですが、ここで簡単に説明します。関連する書籍がたくさん出版されていますので、詳しくはそちらをご覧ください。また、巻末に私が参考にした書籍の一部を載せましたのでご参照ください。

「マインドフルネス」は、パーリ語（古代インド語）の**「サティ（Sati）」**を英訳した言葉であると言われています。「サティ」の漢訳は**「念」**です。「念」は、念力や念仏、信念、雑念などの念ではなく——**「今」の「心」**——まさに「今ここ」の意識。「今この瞬間に心を集中させ、判断をしないでありのままを観察する」という心の状態です。そして、いつもマインドフルな状態で生きていけるようにするためのトレーニングが、「マインドフルネス瞑想」です。

マインドフルネス瞑想は、ブッダが悟りを開いたと言われる「ヴィパッサナー瞑想」から宗教性を排し、エッセンスを残して現代人にも受け入れられやすいように装いを新たにしたものです。宗教団体のような組織はありません。師や僧侶もいないし、経典や教義、戒律もありません。出家・在家の区別もありません。座禅のように結跏趺坐で足が痺れることなければ、警策《きょうさく》で叩かれることもありません。

宗教性を排したことで、マインドフルネスは一般社会への普及が促進されました。医療や心理療法、企業の能力開発などの分野にも応用され、科学的・臨床的にもその効用が認められています。

マインドフルネス瞑想には、さまざまなスタイルがありますが、いずれも手軽に取り組める簡単な方法です。たとえば、アンディ・プディコム氏の指導する「10分間瞑想」の概要は、次のようなものです。

◎椅子に座ってリラックス。タイマーを10分間にセットする。
◎深呼吸を5回。目を閉じる。椅子と床に触れている感覚に集中する。思考や感情は浮かんでは消えるのにまかせる。聞こえる音に意識を向ける。体を上から下までスキャンする。体の各部位を感じる。ムードや気分を感じる。
◎呼吸に意識を戻す。呼吸を感じる。呼吸を数える（吸って1回、吐いて2回。1〜10のカウントを、時間のある限り繰り返す）。
◎一切の集中をやめて、20秒ほど心を自由にさせる。椅子と床に触れている感覚に意識を戻す。目覚める。

マインドフルネスは、瞑想をやっているときだけではなく、日常生活のすべてにおいて、実践が可能です。歩いているとき、食事をしているとき、仕事をしているとき、人と話をしているとき……心は、その瞬間、その場所にある。

マインドフルネスがヘミシンクによる「共創瞑想」に不可欠な理由は、以下の3点に整理できます。

◆「7つの手順」のキーポイント——「観察」

前節の「7つの手順」の中で、最も重要なステップは「④**観察——観察し、気づく**」です。なぜなら、向こうからの変化に気づかなければ、次のステップに進めないからです。単に自分の想像の世界に浸って、没頭しているだけで終わってしまいます。キャッチボールになりません。

ここが——ポイントです。気づかなければ、始まらない。気づくためには、よく観察すること。思い込みや固定観念を外し、曇りのない気持ちで、色眼鏡を外し、素直に、あるがままを観察する。見える、聞こえる、感じる……。

理想的には——エクササイズに「没頭している自分」以外に、それを観察している「もう一人の自分」がいる——それくらいの感覚が必要です。

たとえ「⑥判断」「⑦行動」が間違っていてもかまいません。あとから修正すればいいだけです。

たとえば、

浜辺に貝殻が落ちていることに気づいた。手にとってみたが、なんとなく、海の方に捨ててしまった。その瞬間、あっ！　しまった！と感じた。しばらくすると……打ち寄せる波が、貝殻をこちらに押し戻してきた。また手にとって、今度はよく観察してみた。表、裏……すると、ふと、これは大事なものだ、という気がしたので、ポケットにしまっておくことにした……。

これは単純なケースですが、間違っていようがいまいが自分で判断し行動したことに対しては、向こうは必ず反応を返してくれます。だから、あとからでも修正できるのです。しかし、貝殻の存在に気づかなければ、まったく何もできません。

◆グラウンディングのために

前節の最後に述べた「グラウンディング」を確実なものにするためにも、マインドフルネスは欠かせません。

モンロー研究所公式プログラムは、自然環境豊かな場所で、５泊６日の合宿形式で行なわれます。新聞もテレビもない。携帯電話もつながりにくい。1日に4回～5回、ヘミシンクのエクササイズを行う……。そのような非日常的な状態から帰ってきたとき、肉体は戻っていても、意識のかなりの部分は向こうへ行ったまま（？）になっていることがあります。ボーッとしていて、心ここに在らず。そんな状態だと、忘れ物をしたり、帰り道を迷ったり、何かポカをやらかしたり……危ないです。放っておいても、しばらくすると戻るのですが、自分は「今、ここ」にいることをしっかり意識して、早めに日常に戻ることが大切です。

また、セミナーやエクササイズで得たものを、その場限りで終わらせず、日常生活の中で活かしていくためにも、マインドフルネスは有効です。誘導瞑想中にどんなに素晴らしい体験をしても、日常生活が変わらなければ、瞑想をやっている意味がありません。あちらの体験を、こちらで「具現化」するためにも、「今、ここ」に意識をフォーカスして考え、行動し、生きていく必要があります。

◆神秘体験に囚われないために

さらに、これはどの瞑想法でも起こることですが、ある程度進んでいくと、瞑想による**「好転反応」**（良くなる過程で一時的に悪化したような反応が出ること）が現れたり、成長が後退しているような状態になったり、自我が肥大化して独善的になったり、高慢になってしまったりすることがあります。

そのようなとき、正しい道にもどるために欠かせないのが「気づく力」です。そのような状況に陥っていることに自ら気づき、正していく。自分で気づかなければ、正すものも正せません。

ヘミシンクによる誘導瞑想の場合には、特にスピリチュアルな仮説に基づいてのエクサイズを行うので、神秘体験や至高体験、あるいは至福体験といわれるような現象を経験することがあります。これは特別なことではなく、誰にでも起こる可能性があります。大事なことは、その現象に「囚われない」ということです。

少し極端な例ですが、「神様が見えました」「阿弥陀如来が見えました」「天使がやってきました」「私に人類救済を託されました」「人類の指導者になりなさい、と言われました」……。個人の体験を否定はしませんが、そのような体験やヴィジョンに囚われてしまい、思い込んでしまうのは危険です。

このような現象を、ユング心理学では**「自我肥大（エゴ・インフレーション）」**として警告しています。禅宗では**「魔境」**と呼び、「坐禅中に如来や菩薩が現れたら（イメージの中で）突き殺せ」と教えています。いずれも、神秘体験にこだわったり、囚われたりすることの危険性を強く戒めています。

マインドフルネスも同様ですが、ヘミシンクの場合も、会員組織や導師、戒律などがないため、自宅学習を続けていただけでは、もし脇道に逸れても、誰も正してくれません。自分で自分を律しコントロールしていなければならないのです。

エクササイズの最中は、体験することに没頭していいと思います。しかし、その一方で、常にマインドフルな**「もう一人の自分」**の意識を保ち、自分の思考と行動をよく観察し、自覚し、もしインフレーションの予兆に気づいたら、そのときに正していくように心がける必要があるのではないでしょうか。

そのためにも、マインドフルネスのトレーニングは必須だと思うのです。

しかし、必要性がわかっただけではダメです。頭で理解しただけでは、本番のときに実践できません。マインドフルネスも、繰り返し練習して身体で覚えるものです。

第４章　私の「共創瞑想」体験──本来の自分を思い出すプロセス

体験①　インナーチャイルドの癒し

２００６年5月、ヘミシンクのセミナーに参加する前日、予行演習をしました。使用したのはフォーカス27のＣＤで、フリーフロー（自由遊泳）と言われる種類のＣＤです。音声ガイダンスはほとんど入っていません。最低限の指示だけで、準備のプロセスを経て徐々にフォーカス・レベルを上っていき、目的のフォーカスに誘導されたあとは、自由行動になります。帰る時間になったらガイダンスが始まり、徐々にフォーカス・レベルを降りて、目覚めた状態に戻ります。

フォーカス27に到着したあと、しばらくすると、突然──場面が変わりました。

私は暗い場所に立っていました。どこのフォーカス・レベルかわかりません。鉄道駅の待合室の……そんな気がしました。暗いです。狭い。どこか、田舎町の小さな駅です。隅のほうに、小さな子どもがいます。椅子に座って、しゃがんでいます。足が短いので地面についていないようです。ブラブラさせています。

何歳くらいの子だろう。女の子？　男の子？　淋しそうにしています。うつむいたままです。

私は……何をしたらいいのか、わかりません。

とりあえず、小さなイルカ※のおもちゃを渡しました。

（※注：イルカは癒しのためのメンタルツール（想像上の道具）として使っています）

「これをあげるよ」

その子は素直に受け取り、遊び始めました。

しばらくその子を見ていましたが、何をしたらいいのかわからないので、フォーカス27に戻ることにしました。

フォーカス27に戻って、ブラブラ散歩していました。しばらくして、ハッと我に返りました。

「こうしちゃいられない！　あの子ところに戻らなきゃ！」

――先ほどの待合室に戻りました。

あの子は、まだいました。渡したイルカで遊んでいます。淋しそうで、うつむいたままです。

私は、どうしようか、まだ迷っています。

駅舎の外に出てみました。暗い夜道が続いています。街路灯もありません。振り返ると、駅舎の窓から明かりが漏れています。あの子のシルエットが見えます。私は、まだ迷っていました。

何もできないまま、戻る時間になってしまいました。仕方なく、あきらめました。後ろ髪を引かれる思いで、戻ってきました。

結局、そのときは何もできないまま終わってしまいました。

翌日、セミナーに参加しました。この日のセミナーは「フォーカス15で過去を思い出して癒す」というテーマでした。過去というのは、生まれてから今までのことだけでなく、生まれる前の記憶（過去世、前世）も含まれます。

1回目のエクササイズで、なぜか故郷の風景を思い出しました。山の間を縫うように流れる川、竹林、田んぼ、懐かしい街並み……。なぜ今日になって思い出したんだろう……疑問は4回目のエクササイズで解けました。

エクササイズの終わりに近づいたころ、突然――昨日と同じ、暗い待合室の場面が出てきました。

あの子もいました。昨日と同じく、暗い駅舎の中に、ぽつんとひとり座っています。私がプレゼントしたイルカのおもちゃと仲良く遊んでいます。昨日より、少しは元気になったかな？　でも、淋しそうです。

私は相変わらず、どうしたらしいのか、迷ったままです。

しばらくして、決心しました。

「もう、これしかない！」

私は近づいていき、その子を思いっきり抱きしめました。

男の子のようです。

ちょっと恥ずかしいです。

その子は抱かれるままにしています。

しばらくそのままでいると、周りがだんだん明るくなってきました。朝の光が差し込んできます。

――列車が到着しました。私は、その子といっしょに乗り込みました。

先頭車両の一番前に乗って、いっしょに前を見つめています。

楽しいです。列車の先頭に乗るのは面白い。

列車はどこに向かっているのでしょうか……。しだいに、前方の景色が光り輝いてきました。列車は、光の中に向かっていきました。

いつの間にか——私は、あの子と一体化していました。

二人で一人になったのです。


エクササイズが終わったあと、この体験を発表しました。話しているうちに、思い出していました。そうだ。昔、子どものころ、似たようなことがあったなあ……。

何歳くらいだったか忘れましたが、一人でバスと汽車を乗り継いで、ときどき親戚のうちに遊びに行っていました。いつもは親戚のおばあさんがバス停まで迎えにきてくれます。私がバスから降りるのを、いつも待っていてくれます。会ったあとは、もう、ただ手をつないでおばあさんについて行くだけ。どこから何に乗ってどこまで行くのか、おばあさん任せで私はまったく憶えていません。

しかし、その日に限って、おばあさんが迎えに来てないのです。

バスの停留所にもいない。駅舎にもいない。（たぶん、おばあさんが日にちを間違えていたのではないかと思います）。

私は、いったいどうしたらしいのかわかりません。時刻表の見方も知らない。切符を買ったこともない。何番線からどこ行きに乗って、どこの駅で降りろのかもわからない。公衆電話を使うにも、電話番号がわからない。公衆電話なんて使ったこともない。だいたい、お金を持っていたのかどうか……。今から考えても、これはめちゃくちゃ不安です。

そのあと、どうやって親戚のうちまで行ったのか、まったく憶えていません。しかし、とにかく行ったのは確かです。おそらく、子どもながらに苦労して、人に聞いたりしながら行ったんだと思います。その間のことは——まったく憶えていないのです。単に忘れてしまっただけなのか、それとも憶えていたくなかったのか……。

「あなたはこの体験で、小さいころの自分を助け出したんじゃないですか？」と、トレーナーに指摘されました。レトリーバルです。つまり、子どものころのトラウマを解消したのではないかと……。確かにそうかもしれません。たぶんそうだと思います。今日の１回目のエクササイズで、故郷の風景を見たこととも符合します。あれはこの体験の前振りだったのでしょう。

実は、あの子を抱いたとき、わかっていました。「この子は自分だ」と、気づいていたのです。そのことも、体験を発表しながら思い出していました。

ドメスティック・バイオレンスとか、アダルト・チルドレンとかに比べると、たいしたトラウマではないかもしれませんが、インナーチャイルドを癒すという、私にとっては非常に貴重な体験でした。

もしかして……あの子を助けたのは、今の私？　そんなバカな。時間を逆行して、今の私が昔に行って、あの時の自分を助けて、親戚の家まで送り届けていたりして……いやいや、そんな、そんな。そんな。そんなことは……。

体験②　封じられたシャドウの統合

２００６年９月。フォーカス27のセミナーに参加しました。４泊５日。３日目の朝、不思議な体験をしました。フォーカス27からフォーカス23に移動したときのことです。

私は川の浅瀬に立っていました。川の両岸は、石垣のような高い塀に囲まれています。お堀の中のような感じ。

――そこに、倒れている女性を発見しました。白っぽい服を着ているように見えました。

私は、彼女を抱え起こしました。

「大丈夫ですか？」

すると、その女性は「ありがとう」と言ったきり、立ち上がってすたすたと歩き去っていってしまいました。

え？――何だったの？

そのとき、その女性がいた左隣に、まだもう一人、誰かがいるような気がしました。黒い残像がありました。そこに、何か黒い物体があった？　いた？　いる？ようです。

このときは、これで終わりました。

次のエクササイズでは、開始早々から、誰かに背中を押されているような気がしていました。「前に行け！　進め！」と急かされ続けているような感じでした。

先ほどの、川の浅瀬に着きました。

黒い物体はまだいました。よく見ると、泥に覆われていて、汚くて、異臭を発しています。びょーん、びょーんと飛び跳ねます。着水するたびに、べちゃっ、べちゃっと泥しぶきがかかります。気持ち悪い。大きさは、ひと抱えはありそうで、何かの生き物のようです。

「気色悪いなあ」。離れたくなりました。

でも、誰かが背中を押しています。

私はライトセーバー＊を取り出してスイッチを入れ、光のシャワーで泥を流していきました。何か、人の形をしたようなものが見えてきました。体を小さく折りたたんで、丸くなっているような感じです。

（＊注：映画スターウォーズに出てくる光の剣。メンタルツール。第2章にも登場）

何じゃ？　これは。人か？

突然――「抱きかかえなさい！」という声が聞こえたような気がしました。

「えっ？　こいつを抱くの？」。汚いし、臭いし、気持ち悪いし……。

「抱きなさい！」

「いやだよ」

私が拒んでいると――なんと、先ほど去っていった女性が、右隣に現れたのです。

「一緒に抱えましょう！」

私は、意を決して、彼女といっしょに黒い物体を抱きかかえました。

すると――急に、胸の辺りが苦しくなってきたような気がしました。振り向くと、4人のガイド＊＊が手伝ってくれているのがわかりました。熊さん、ドルフィン、シスター、ボブ。

（＊＊注：このときまでに、私はエクササイズの最中に私を導く4人のガイドを認識していました）

私たちはフォーカス27に上がっていきました。フォーカス27に着くと、白い服を着た病院の救急スタッフの人たちが近づいてきました。そして、黒い物体をストレッチャーに乗せ、ヒーリングセンターに連れて行きました。やれやれ。これで一安心です。

そのとき――ある人物の顔が思い浮かびました。このセミナーに参加している、私の嫌いなタイプの人物です。「あいつだけは絶対に許せん！」と頭にくるタイプ。なぜ彼の顔を思い浮かべたのか……。

胸の辺りの違和感は、エクササイズの間ずっと続いていました。しかし、フォーカス21から15に戻ってくる途中で、スーッと消えていくのがわかりました。

ガイドたちの手助けで、黒い物体をレトリーバルしました。

エクササイズが終わったあとも、ずっと考えていました。なぜ、あの嫌な人物のことを思い出したんだろう……。

昼休みが終わる頃になって、なるほどそうか！と確信しました。あの黒い生き物は、私の潜在意識の中の**「影（シャドウ）」**に違いありません。

実は、今回のセミナーに参加している嫌なタイプの人物――初対面ですが、許せませんでした。普通に接してはいましたが、本当はイヤでイヤで顔も見たくない、声も聞きたくない、許せん！奴でした。しかし、この体験のあとからは、本人に対して冗談を言えるようになったのです。不思議です。

さらに、彼に対してだけでなく、私が頭にきたり、腹が立ったり、くそったれと怒ったりするような、苦手な相手——そんな人たちの顔を思い浮かべても、以前ほど「絶対に許せん！」という感情が湧いてこなくなっていました。怒りの感情が無くなったわけではないのですが、「あ、あるな」という感じで、何か客観的に見られるようになり始めていたのです。

いまでもこの状態は続いています。「あ、私は嫌だと思っているな」と思っている自分がいるのです。


どうしようもなく頭にくる相手がいるというのは、自分の心の中にある嫌な部分の「投影」である場合が多いようです。無意識のうちに隠している、自分が嫌だと思っている「影（シャドウ）」の部分——心の中の奥深くに隠していても、表には必ず現れてきます。それが「投影」です。モンロー研究所的に言えば、これも私の一つの**「側面（アスペクト）」**です。

原因は相手にあるのではなく、自分の心の中にあります。心の中の原因を解決すれば、どうしようもなく頭にくる、という感情はなくなります。解決するといっても、忘れるとか抑え込むわけではありません。それも自分の一部として認め、許し、統合していくのです。

今回の体験は、レトリーバルというテクニックを使って行った、心理療法のようなものでした。

このエクササイズに登場した、白い服を着た女性は誰だったのか。このときはわかりませんでしたが、あとになってわかりました。私の心の成長を導く、新しいガイドの一人です。成長のステップが進むごとに、新しいガイドが現れてくるように思います。逆に言えば、新しいガイドの現れる予兆があれば、次のステップに進む時期に来ている、ということかもしれません。

私たち一人ひとりには、複数のガイドが存在します。ガイドにはそれぞれ役割があります。今回の白い服を着た女性のガイドは、私が「怒り」の感情を統合していくプロセスを手助けするという役割を担っているのではないかと思っています。

体験③　側面（アスペクト）の統合

２００６年９月。前節（体験②）と同じ４泊５日のセミナーでの体験です。２日目から３日目のエクササイズで、何度か似たようなヴィジョンが見えていました。グランドキャニオンのような高い崖の上から下を見下ろしているのです。眼下には、緑のジャングルがどこまでも続いていました。

3日目の午前中のエクササイズで、私は思い切って崖の上から飛び出しました。


しばらくジャングルの上を飛んでいました。どこまでも緑のジャングルは続いています。眼下を眺めていると、ふと気になる場所がありました。小山のようになった場所に、小さな洞窟があるようです。私はそばに着地しました。

洞窟に入ろうとしましたが……入れません。ライトセーバーを照らして中を見ようとしましたが、これもうまくいきません。何か……気配がします。

突然――「森の精霊を連れて来なさい」と言われたような気がしました。

「森の精霊?」。何じゃそりゃ……。想像がつきません。

ふと、いいことを思いつきました。でも、不謹慎かかもしれない……ま、いいか。

私は、映画「となりのトトロ」の、トトロのでっかいぬいぐるみを持ってきて、洞窟の入り口にどかんと置きました。

すると、洞窟の中が明るくなってきました。広くはありません。奥行き2メートルくらいでしょうか。

正面に、何か祭壇のようなものがあるようです。赤い布の敷かれた階段状の台の上に、金色や黒色の祭具のようなものが置かれていました。

しかし――誰もいません。

何のことかよくわからないまま、このセッションは終わりました。

翌、４日目の午後のエクササイズで、もう一度この場所に来ました。すると……。

ふと気づくと――私は砂の上にいました。ジャングルの中の一角が砂地になっていて、私はそこにいたのです。

なぜか私は、白い陶器のようなものでできた等身大の人形を、必死で磨いていました。二の腕の辺りに金色と緑色の輪が描かれています。どことなくインドっぽいデザインでしょうか。

ん？　足元が変です――沈んでいるようです！

白い陶器の人形は、どんどん砂の中に埋もれていきます。私の体も埋もれていきます。蟻地獄のようです。

「水が必要です！」という声が聞こえたような気がしました。

私はライトセーバーをシャワー代わりにして、人形に水をかけはじめました。（なぜかライトセーバーから水が出てきます。万能です。便利です）。周りの砂にも水をかけまくりました。

すると——沈下は止まりました。

私は、４人のガイドといっしょに、白い陶器の人形をフォーカス27に連れて行きました。

フォーカス27に到着すると、自然と山の方に足が向きました。

そこは､山肌をくりぬいて作った洞窟で､何かの宗教施設のような感じでした。全体が黒っぽい印象で、人々が着ているものも黒色で、フードを被ってうつむいているようです。表情はわかりません。

この人たちが出迎えのようです。私は白い陶器の人形を彼らに託しました。


無事にレトリーバルできたようです。しかし、なぜか私は、あの白い陶器の人形が気になります。そこで、次のエクササイズで、もう一度会いに行くことにしました。

フォーカス27に着くと、私は先ほどの洞窟にもう一度行き、白い人形の消息を聞きました。すると、人形はすでにヒーリングセンターに行って、セラピーを受けているとのことでした。

さらにその次のセッションで、私はヒーリングセンターのベッドに横たわる人形を見舞いに行きました。


人形は、相変わらずベッドに横たわったままです。陶器でできているので、体はカチカチに固いです。でも、よく見てみると、ときどきピクピクと動いているようです。

もしカナヅチでたたいたら、パリンと割れて、中から人が出てくるのでしょうか？

それとも、もうしばらくしたら人間の形になるのでしょうか？

そのとき、「クリスタ（ル）・ムーン（あるいはバルーン？）」という声が聞こえてきたような気がしました。この人形の、彼の名前でしょうか？

そして「もう少し、ここに居るよ」と言ったような気がしました。

彼は、しばらくの間、セラピーを受けるようです。


その後の経過ですが、セミナーから帰ってきたあとも、自宅でヘミシンクCDを聴いてフォーカス27に行くたびに、ヒーリングセンターを訪れ、〝クリスタル・ムーン〟の様子を見に行きました。人形はずっとベッドに寝たきりで、セラピーを受けているようでした。


そして、1年半が過ぎたころ、ある日ベッドから起き上がってきたのです。陶器ではなく、生身になっていました。若い、西洋人のような感じ。イケメン男性です。

「これからどうしますか？」と聞くと、彼は「しばらくフォーカス27で働きます。ヘルパーをやります」と言いました。

またしばらくして行ってみると、彼は、フォーカス27の一角、サンフランシスコのベイエリアのようなところにあるTシャツ屋さんで店員をやっていました。

私が「店長はだれですか？」と聞くと、彼は「クリバンです」と答えました。

ん？　クリバン？　――あとになって思い出しました。クリバンというのは、ハワイのお土産屋さんでよく売っている、猫の柄のTシャツのデザイナーさんです。調べてみると、クリバンは1990年に亡くなっていました。

さらに半年後、こんどは私のスペシャル・プレイス（メンタルツール。フォーカス27にある自分の活動拠点、休憩所、出会いの場）の中に、Tシャツ屋さんの支店ができていました。そして、〝クリスタル・ムーン〟さんが店長をやっていたのです。出世しました。

さて、2年以上におよぶ〝クリスタル・ムーン〟さんの話は、どういう意味があるのか？　私とはどのような関係があるのか？

その後に何度かエクササイズをやる中で、次第に分かってきたのは、彼は何か宗教的な問題でがんじがらめになって、身動きが取れなくなっていたようなのです。集団から一人離れて修行していました。それが、あのジャングルの洞窟の祭壇でした。彼の心的外傷はかなりのものだったらしく、フォーカス27での治療にも時間がかかりました。そして、彼は、誰かに奉仕すること（Tシャツ屋さん）を通して、再生のプロセスを歩み始めました。

もちろん、私の側面です。だから、最後は私のスペシャル・プレイスに来たのでしょう。まだしばらくは、そこにいるようです。

宗教の問題に限らず、仕事でも人間関係でも、しがらみの縁を切るというのは難しいです。切る方も切られる方も、傷が残ります。恨みが残ることもあります。お互いに怒りがでてくることもあります。

〝クリスタル・ムーン〟さんが向こうの世界で癒しと再生のプロセスを歩んでいるとき、こちらの世界に生きている私も、同じようなプロセスを歩んでいました。いままでの仕事や人間関係を、少しずつ変えていたのです。具体的には、ヘミシンクのトレーナー試験に応募し、合格し、活動を始めました。ヨガのレッスンにも通い始めました。また、稼業の仕事では、以前の仕事や人間関係を断って、新しい関係づくりをスタートしていました。

向こうだけではない、こちらだけでもない、向こうとこちらは関連しながら変化しているのではないかと思います。向こうで何かが起これば、こちらでも何かが起こる。

向こうと、こちら——どちらも大切です。向こうさえよければこちらのことはどうでもいい、というわけにはいきません。こちらの問題にもきちんと対応していかなければなりません。こちらで問題を解決すれば、向こうでの体験にも変化が出てくるのです。

私に限らず、ヘミシンクのセミナーに参加する人たちを見ていても、そう思います。豊かなヘミシンク体験をしている人は、こちらでの生活も豊かで平和で楽しいものになります。逆にこちらの生き方が豊かになれば、向こうでの体験も豊かになっていくと思うのです。

「上の如く下も然り」「内の如く外も然り」という諺があります。

逆も真理だと思います。

「下の如く上も然り」「外の如く内も然り」です。

体験④　過去世セラピー

ヘミシンクを使った誘導瞑想には、「過去世セラピー」のテクニックとプロットが用意されています。

第3章にも書いた通り、モンロー研究所では、「過去世」という名称だけでなく、「人格」「生命表現」「別の人生」「側面」などが使われています。特定されていません。もっともよく使われるのは「側面（アスペクト）」で、「側面を再統合する」というような使い方をします。しかし、ここでは、一般的な「過去世」や「前世」という言葉を使って話を進めます。

◆「前世療法」

過去世についての研究では、米国の精神科医であるブライアン・Ｌ・ワイス博士の『前世療法』（ＰＨＰ研究所）が世界的に有名です。キャサリンという患者を催眠療法で治療しているうちに、彼女が自分の過去世に戻ってしまうという事態に遭遇し、それをきっかけに博士の価値観が変わり、人生も激変していく話です。輪廻転生、死後の世界、マスターたちと呼ばれる高次の知的存在……。その後『前世療法②』『未来世療法』などが訳されています（いずれもＰＨＰ研究所）。

過去世を思い出し、追体験することによって、さまざまな気づきや癒しが起こります。そして、過去に起因するさまざまな制約・制限から自由になり、より自分らしく生きることができるようになります。

「過去世」は、本当にあるのでしょうか？

ワイス博士は『前世療法②』の中で、自身の精神科医としての経験から、過去世退行時の記憶と夢で見たこととの違いについて比較しています。

	実際の記憶	シンボルや比喩	歪み・偽り・間違い
夢	15%	**70%**	15%
過去世退行	**80%**	10%	10%

【表】ワイス博士による「過去世退行時の記憶と夢との比較」

『前世療法②』では、次のように説明されています。

たとえば、あなたが今の人生の子ども時代まで退行して、幼稚園のことを思い出すように言われたとします。当時の先生の名前や自分の服装や壁に貼ってあった地図、友達のこと、教室のみどり色の壁紙などを思い出すかもしれません。そのあと調べてみると、幼稚園の壁紙は本当は黄色だったこと、緑色の壁紙は小学校一年生の時のことだとわかったとします。しかし、そうだからと言って、あなたの他の記憶も間違っているとはいえません。

同じ様に、過去世の記憶は一種の歴史小説といった性格を持っています。お話はファンタジーや創作、ゆがみ等がいっぱいあるかもしれませんが、その核心はしっかりした正確な記憶なのです。同じ現象は夢の中でも今生での過去への退行の場合にも起こります。みんな、役に立つのです。真実はその中にあるからです。

正統的な精神科医は過去世の記憶は心理的幻想に過ぎないと思うかもしれません。過去世の記憶は、子供時代の問題やトラウマの投影であり、作り話に過ぎないのでしょうか。

私や私に手紙をくれた医師たちの経験によれば、これは本当はまったく逆の関係にあります。まず過去世があり、その記憶や衝撃やエネルギーが、今の人生の子ども時代を形成してゆくようです。長い間ずっとくり返されていたパターンが、もう一度ここでくり返されただけなのです。

【出典】『前世療法②』ブライアン・Ｌ・ワイス（ＰＨＰ研究所）

過去世は本当にあるのか、信ぴょう性はあるのか、といった議論もあるかと思いますが、大事なことは――この体験を通して癒されたり気づきがあったり、生きる活力が生まれてくることではないか――と思います。

ヘミシンクを使った「過去世セラピー」の方法は以下の通りです。

【プロット】

①フォーカス15の意識状態に誘導されます。
②過去世を体験できるようアファメーションし、ガイドに協力を願います。
③さまざまなメンタルツールを使い、音声ガイダンスなどの誘導によって過去世を体験します。

④最後に、この体験の意味についてガイドと交信し、感謝し、戻ります。

【メンタルツール】

時間を超えるために使う想像上の道具。

◎エスカレーターや階段、エレベーター

◎タイムトンネル、道路、線路

◎タイムマシーン、乗り物、電車

◎ドア（別の時代への入り口）

たとえば、フォーカス15に誘導されたあと、「目の前に、過去の世界へと続くドアがあります。このドアを開けると、時空を超えて旅することができます。さあ、ドアを開けましょう。今、ドアが開きました……」などと誘導されます。ドアを想像することが呼び水になって、過去世体験が可能になります。

【ガイドとの交信】

体験を終えてフォーカス15から戻ってくる前に、ガイドとの交信を行ないます。次のように問いかけ、メッセージが届く（思い浮かぶ）のを待ちます。

◎どこでの人生だったか。

◎亡くなったのはいつか。
◎この人生で学んだことは何だったか。
◎このときの自分の体験が、今の自分にどう影響しているのか。

このとき過去世体験を通して得た知恵と、手助けしてくれたガイドに感謝し、戻ってきます。「このときの体験を記憶にとどめ、決して忘れないようにしましょう。これからは、いつでも思い出すことができます」といった音声ガイダンスが入ります。

◆落武者を救う

私は、ヘミシンクを使った過去世セラピーをいくつも体験してきました。いくつかある中で一番印象に残っているものをご紹介します。「落ち武者を救う」という体験でした。

２００４年９月、初めてヘミシンクのセミナーに参加したとき、１回目のフォーカス15のエクササイズで、鬱蒼とした山道に呆然とたたずむ武者の姿が出てきました。それから何度も、フォーカス15の状態になると、同じ映像が出てくるようになりました。

鬱蒼とした山の中です。すぐ下のほうに、山道が見えます。私は、上から見下ろしています。一人の……武士の姿が見えます。誰だろう。何をしているんだろう……。

この武士は、私の過去世の一つなのでしょうか……。それにしても、独りで淋しそうです。呆然として、たたずんでいるようです。

このときの体験は、これで終わりました。

そのあと、ヘミシンクを聴いてフォーカス15の状態になったとき、何度か同じ映像が見えました。「思い出す」といったほうがいいのかもしれません。まったく浮かんでこないときもありました。

エクササイズの回数を重ねていくと、イメージがはっきりしてきました。

相変わらず独りです。うつむき加減です。呆然としています。髪はザンバラのままです。槍のようなものを杖代わりにしています。左足が不自由なようです。「落ち武者」かな?という感じがしました。

なぜか「恥」という言葉が浮かんできました。それにしても、この人は誰で、何故ここにいるんだろう…。

2005年2月、2回目のヘミシンク・セミナーに参加しました。このときの体調は最悪でした。咳が出て止まらなかったのです。

フォーカス15――現れました。例の「落ち武者」です。左足が不自由で、槍を杖にしています。

私は、山を駆け下りました。そして、正面に立って、問いかけました。

「どうしたんですか？　家族は？　仲間とか部下は？」

「…………」

彼は、何も答えません。私の左足も痛くなってきました。咳が出ます。

「これからどうするんですか？」

「もう……戦いたくない……」

――やっと声が聞こえました。聞こえたのではなく、何となく感じました。

このあとは、集中力が途切れてしまい、よく覚えていません。とにかく咳を我慢していました。

セミナーの日程が後半に入ると、ほとんど咳は治まり、楽になってきました。

フォーカス27からフォーカス23に降りてきた時です。真っ暗闇の中に、フッと明るく見える場所があります。そんな気がしました。

よく見ると、人がうつ伏せになった上から着物を被って……隠れているようです。上から横に回ると、少し顔が見えました。こちらの様子を窺っています。女性のようです。着物にはチラチラと、赤や緑の模様が見えます。

「あれ?」。一人ではないようです。子どもが二人……なるほど。母親が子どもを抱きかかえるようにして、上から着物を被って隠れているんだとわかりました。男の子と女の子のような感じがしました。彼らはじっとして、身動き一つしません。

そのとき――気がつきました。ひょっとしたら……この親子は、あの落ち武者の家族ではないだろうか……と。

何故だかわかりません。何故かそんな気がしました。確信に近いものがありました。きっとそうに違いない。別々の場所で亡くなって、そのまま会えないでいるのではないだろうか……。この家族を助けるにはどうしたらいいんだろう……。

しかし、このときの私は、どうすることもできませんでした。まだレトリーバルのテクニックを習っていなかったとの、ガイドの存在を認識できていなかったし、確信もありませんでした。

しかし、お願いするしかない!と思いました。

「もし、ガイドがいるんだったら、この人たちを何とかしてやってください。助けてあげてください!」……心の中で唱え、祈り続けました。

「さあ、もう戦争は終わったよ。出てきても大丈夫だよ」

この家族がどうなったのか、そのときにはまったくわかりませんでした。しかし、最後の最後でわかりました。

２００５年9月、米国モンロー研究所の「ゲートウェイ・ヴォエッジ」プログラムに参加しました。

フォーカス15のエクササイズを行うと、必ずと言っていいほど、あの落武者が現れます。しかし、それだけです。フォーカス15にいる間は、他に何もできません。フリーズしたように、全く動けないのです。フォーカス15から別のフォーカスに移ると、動けるようになります。なぜでしょうか。

沢を挟んで向こう側にも山が見えます。向こう側の山は明るく感じられます。中腹に、小さな山小屋があるようです。

向こうの山小屋まで行ってみよう、と思い立ち、体を動かそうとしました。でも……動きません。簡単なことだろ？「向こうへ行く」とイメージすればいいんだから。でも……できないのです。不思議です。あきらめました。

２００６年4月、「ライフライン」プログラムに参加しました。このときの私は、ヘミシンクのコツをやっとつかみ始めていました。ガイドの存在を認識し始め、レトリーバルのテクニックも憶えました。

面白いことが起きました。１回目のレトリーバル「木こり」を助けたあと（第２章）からは、なぜかフォーカス15での行動が自由になったのです。何か関係があるのかもしれません。

フォーカス15――いつもの場所、山道の上に降り立ち、下を見ました――やはり、落ち武者が見えます。

見上げると、向こう側の山の中腹には、いつもの山小屋が見えます。いつも見ているだけ。向こうには行けない……。

しかし、今日なら行けるかも……なぜかそんな気がしました。

ひょいとジャンプして、飛んでみました。

「お～！」――行けた！　向こう側の小屋の中に着きました。今まで自分のいた場所を見ることができます。落ち武者もこちらから見えます。「やったー！　自由だー！」。

さて、山小屋の中。狭いです。三畳分ほどの板の間ですが、埃だらけ。土足のままで出入りしているようです。

部屋の中を見回すと、壁に「丸い石版」のようなものが掛けてあります。重たそうです。何でしょうか……。何か模様のようなものが描いてあります。ぐちゃぐちゃと複雑に絡まっていて、まるで迷路のようです。

――わかりました。「これは、車輪の絵＊だ」

（＊注：モンロー研究所では、フォーカス15を「車輪のスポーク」の絵で表現しています。車軸の部分がフォーカス15で、スポークを通ってさまざまな時代に行ける）

これはきっと、フォーカス15を象徴するものに違いない。「この石板が欲しい！」と思いました。でも持ち歩くには重すぎます。このときは諦めました。

ライフラインが終わって帰国直後、早朝にフリーフロー27のエクササイズを聴きました。

フォーカス15を通過するとき、例の山小屋に立ち寄り、壁に掛かっている丸い石版を眺めていました。私は、何を思ったのか、石版を壁から外しました。どっこいしょ。重いです。床に置きました。

またしても何を思ったのか、石版の上に足を乗せて立ってみました。すると――足の裏から何かものすごエネルギーがグワーッと体の中を突き抜けていくのがわかりました。ふう。すごいな。何かあるな……。

それから半月後の早朝、フリーフロー27を聴きました。このとき、感動の体験をしました。これまでの謎が解けたのです。

フォーカス27にあるスペシャル・プレイス（想像上の活動拠点）にいると、グラグラグラと体が揺れてきました。地震のような感じです。

すると――スーッと、静かにフォーカス15の例の山小屋に着きました。

石版を見上げます。「う～ん。いいなあ。欲しい。何とかならないかなあ。このままだと大きいし重たいし……。そうだ！　小さくすればいい！」

「えいっ！」と魔法をかけて（？）、500円玉くらいの大きさに縮小しました。小さな袋に入れて、お守りのように腰にぶら下げました。「何かの役に立つに違いない……」

そのあと、フォーカス27に戻りました。

しばらくすると、いつの間にか、またフォーカス15にいました。山道に降り立ったようです。

目の前に――あの「落ち武者」がいます。正面から見るのは久しぶりです。1年以上、話しかけていません。今までもそうでしたが、顔の表情まではわかりません。

なぜか、暗かった山道が、明るくなってきたように感じました。だんだん、光が溢れてきました。

私は思わず、彼のほうに向かって手を広げ、近づいていきました。彼も、私のほうに、ポツリポツリと、歩いてくるようです。

光はどんどん強くなってきました。私は彼に抱きつきました。光は最高潮に輝き始めました。

ふと気づくと、フォーカス27に着いていました。

「あ、レトリーバルできたんだ。よかった」

しかし、彼は、まだボーッとしたままです。

すると――あのときの「着物姿の親子※」が現れたのです。あのときの、和服姿の母親と二人の子ども。（※注：2005年2月にセミナーを受けたとき、フォーカス23で見た親子）

「ああ、彼女たちは無事にフォーカス27に来ることができていたんだ。よかった」

落武者の彼は……まだボーッとしています。

「甲冑を脱ごうぜ！」――私は彼の甲冑を脱がせました。

「ヒーリングセンターに行こう！」――みんなで行きました。

彼は担架に乗せられて、ヒーリングルームの中に入っていきました。奥さんもいっしょに入っていきます。ドアが閉まる直前に――彼女はこちらを向いて、軽く会釈をしていました。

「ありがとう……」――そう言われたような気がしました。

長い物語でした。２００4年の8月から２００6年5月まで…21カ月間を要しました。いったい、この物語にはどんな意味があるのか。このときは、よくわかりませんでした。ただ、何かひとつ、大きな仕事が終わったような充実感がありました。そして、安心感。ホッとしました。はっきりしたことは言えませんが、あの落ち武者は私自身に違いありません。そして、着物姿の奥さんは、たぶん今の妻。子供たちも、たぶん、そうだと思います。

今生での、私の家族関係を象徴していたようなのです。一時期、私はほとんど子供たちと顔を合わす時間がないほど、モーレツに働いていたことがありました。出勤するとき、娘からマジで「お父さん、また来てね」と言われたことがあります。ショックでした。

このレトリーバルを体験したときには、すでにサラリーマンを辞めて独立し、数年が経過して生活も落ち着いていました。しかし、私の「家族セラピー」はまだ終わっていなかったのではないかと思います。このような体験を通して少しずつ、本来の姿を取り戻してきたのではないかと……そう思います。

体験⑤　体外離脱と至高体験

２００９年11月、モンロー研究所プログラムの「スターラインズⅡ」に参加しました。スターラインズⅡは２００８年３月に始まったばかりの新しいプログラムで、英語以外の言語で行うのは初めてとのことでした。

このプログラムを開発したのは、モンロー研究所のベテラン・トレーナー、フランシーン・キング。彼女は２００７年の６月ころに、このプログラムのガイダンス（ガイドからのメッセージ）を受け取り、開発に着手したそうです。

モンロー研究所のレジデンシャル・ファシリテーターであるフランシーン・キングは、自身の内なるガイダンスに励まされ、助けられながら、このプログラムを開発しました。このプログラムは、彼女の生涯を通じた意識探求や、天文学、宇宙物理学、考古学、古代神秘の分野における最新の研究に基づいています。

スターラインズⅡのエクササイズでは、フォーカス42／49を使います。

現代物理学や形而上学、超物理学のレクチャーがあります。くり返し出てくる言葉は、「私たちは、創造主です」というものでした。

私たちは「考える人」であり「思いが現実化」している。

「思いが、現実を、解釈する」

「思いが、現実を、引き寄せる」

「思いが、現実を、創造する」

自分が「創造主」であることを体験し、理解し、自覚しよう――このプログラムの目的のひとつでした。

このとき、私はヘミシンクを始めて以来一番の**「至高体験**（Peak Experience）」を経験しました。言葉ではなく、実体験として――「創造主」であることを「自明の理」として理解したのです。最高の経験でした。

◆体外離脱体験

最終日の前日、朝一番のエクササイズ――その瞬間がやってきました。

フォーカス42の「ポータルルーム」を再び訪れるというエクササイズでした。ポータルルームとは、これもメンタルツールで、個人用のシアタールームのようなところで、スクリーンに映し出される映像を観る。さらに映像の中に入っていって体験を続ける、というものです。

そのとき、私はポータルルームの大きなスクリーンに映し出される映像に見入っていました。西部開拓時代のような殺伐とした乾燥地帯の画像が、パシャ、パシャ、と連続写真のように続いていました。それを他人事のように眺めていました。

——しばらくして、異変に気づきました。

「何か変だ……。何かが違う……。でも、何が変なんだろう……」

ふと気づくと、ゴォーッ、グヮーッ、ガーッという轟音がしていました。耳から聞こえると言うよりも、全身で音を感じているようでした。

そのあと、突然として、グラグラしてきました。——地震です。

揺れはどんどん大きくなってきました。グラングランしています。揺れはどんどんひどくなっていきます。グラングラン。これはかなり大きな地震だぞ。危ないかもしれない。そろそろ、緊急避難のための館内放送が始まるのではないか——と思いはじめました。それほどの大揺れでした。でも、なぜか、私は落ち着いていました。

目を開けて、隣のベッドに寝ているKさんをチラッと見ると、何ごともないように、ヘッドフォンをしてエクササイズを受けています。

「おかしいな……」と思いながら、そのまま聴き続けていました。

グワングワングワン……。揺れています。しばらくすると、揺れは……次第に、小刻みな振動に変わってきました。ブルブルブル、ブルブルブルブル……。

そのときになって、やっとわかりました。

「これは！　私自身が揺れているんだ！　しかも、肉体じゃなく、エネルギー体が揺れている！」

思い出しました！　轟音と振動状態は……典型的な体外離脱の前兆です！

突然——頭から尾てい骨まで、体の中心線を稲妻が走ったように感じました。

ビリッ！っと音がしたような気がしました。同時に——体の中心線に沿ってギザギザの線が描かれているような生体マップ*がみえました。

（*注：生体マップとは、人間の輪郭のイメージ。ヒーリングなどで使うメンタルツール）

その瞬間——、ボンッ！

離脱感がありました。急に——肉体感覚がなくなったのです。

「出た！」と感じました。

ボンッ！　と飛び出したような感じ。

次に、グワッと目の前に天井が近づいてきました。

と同時に、何かがスッと体の中に流れ込んできたような気がしました。それまでの振動・轟音に比べると、それは、とても微妙な感覚でした。

あるいは、何かが自分の体から出ていったのかもしれません。とにかく、何か、微妙な変化がありました。

――どのくらい時間が経ったのか、わかりません。

「手元のボタンを押しましょう」というナレーションの声が聞こえてきました。

「えっ？」と意識をそちらに向けた瞬間！　サッと現実に戻りました。

すべてが一気に終わりました。

体の中に戻ってきました。轟音も振動もなし。肉体感覚もばっちり。あああぁぁぁ。

終わってしまいました。

「もう一度……」と思っても、もう二度とやってきません。「ふう」。終わってしまった。

ショックでした。そのあとは、エクササイズどころではありません。

「今のは何だったんだろう……」と、体外離脱の感覚を反芻していました。

しかし、これだけでは終わりませんでした。

すぐに、異変に気づきました。

「何か変だ……。何が？　何が変なんだろう……」
ヘッドフォンをしたまま目を開けて、周囲を見回しました。
「何かが違う……」
天井、柱、壁……。
それは――天井のようで天井でない。
柱のようで柱でない。
壁のようで壁でない。
それは――天井のようで、実は、私自身。
柱のようで、実は、私自身。
壁のようで、実は、私自身。
ヘンな言い方ですが、そんな感じ。
つまり――すべてを「自分だ！」と感じていたのです。

「ワンネス」という言葉は知っていますが、これが、そうなのでしょうか？
一体感？　――文字で書くと、何か現実感がなくなります。
とにかく、「全ては自分だ！」ということが、その瞬間、「わかった」のです。
覚醒？　そんな高尚なものでもありません。とにかく、「わかった」。

天井も私、柱も私、壁も襖もテーブルも、私。

「そんなの、当たり前だろ？」という感覚です。

当たり前だから説明のしようがない。

私は、私。

歴然とした、自明の理。


そこに、自分がいる。

そこに、自分が映っている。


セッションが終わった後も、しばらく、ボーッとしていました。

「今のは何だったんだろうなあ……」と、茫然としていました。

記録用のノートには、ほとんど何もメモしていません。「地震、轟音、振動」という単語と、簡単な生体マップの中心にギザギザの線を描いた図があるだけです。

しばらくすると、そのときの感覚はほとんどなくなってしまいました。同室のＫさんとも普通に会話していました。「体脱したぞ！」というような、自慢話もしていません。

ただ、「何だか、もったいないことをしたなあ。もっと体外離脱を体験したかったなあ」と、そんなことを、ぼんやりと考えていました。

その日の夕方のエクササイズは、75分という非常に長いものでした。

「次元を超えて、私たちは意識をつないでいくことのできる存在。天と地、向こうとこちら。私たちは多くの生命をつないでいくことのできる存在……」――このプログラムを開発した、フランシーン・キングの言葉がナレーションに入っています。

エクササイズの途中、スターゲイト※※を通過している時でした。

（※※注：1994年に公開されたアメリカのSF映画のタイトル。エジプトのギザ高原で発掘された謎の巨大な金属製の環で、実は「星間移動装置」（スターゲイト）だったという設定。メンタルツールとして使用している）

突然、妻や子供、父、母、妹、祖父、祖母、親戚のこと、仕事上の人間関係のことなどが思い出されてきました。それぞれの人生模様が次々と思い浮かんできたのです。

死ぬ寸前には自分の人生が走馬灯のように思い出されると言われますが、そのときは、他人の人生模様が見えたような気がしました。そして、彼らに対する私の想いがよぎっていきました。

「ありがとう」「悪かったね」「すまんすまん」「お世話になりっぱなしで」「どうもどうも」「よろしく」「やめてくれ！」「ああ、知らなかった」「ごめん」「俺のせいだ」「たらまんなあ」「うん。頑張る」「あ、そうか！」「サンキューね」……。

目覚めた状態に戻りながら、さまざまな気づきが起こりました。

「身近なところから幸せになっていく」
「家族、親せき、友人、仕事……悩みはある。問題もある」
「それが自分の現実。自分が創っている。そこから出発すること」
「自分にできることは何か？」

そして、このときのプログラムに参加したすべての人が、私の現実を表している、という感覚がしてきました。

「このグループが、私の現実」
参加者の「一人ひとりが、自分」
「一人ひとりが、自分の〝表現〟。自分の〝投影〟」

このときの体験は、非常に貴重なものでした。

「創造主」というのは、崇高な神様仏様のことではありません。飯食って風呂入って寝ているような、この〝私〟――〝私〟が現実を創っている創造主――このことを、体験したように思います。

体外離脱という体験を通して、言葉ではない、事実として、自明のこととして、「創造主」の自覚を促されたのではないか……そう思います。

というようなことは、今だから言えることです。体験した直後は、ここまで整理できていませんでした。ただショックのあまり、ぼんやりしていました。

◆「自分」が現実を創っている

スターラインズⅡに参加したあと、しばらくすると、あのときの感覚はまったく無くなってしまいました。まったく残っていません。一体感もなければ、天井や柱を見ても、自分だとは感じません。周りの人たちを、自分の表現、自分の投影だとも思えません。嵐が過ぎ去ったかのように、何も残っていません。もったいない……。

しかし、「あの体験をした」ということだけは、憶えています。

「私は、あの体験をしたことがあります」

「あのとき、私は、そのように感じました」

それは、事実です。たったそれだけのことですが、それは、事実です。

「思考は現実化する」という言葉がありますが、それは「願えば叶う」といった単純なことではなく、「自分の思いが、現実を作っている」という真実を語っているのではないか、と思います。

「現実は、自分が作っている」

「自分が、現実を作っている」

さまざまな自己啓発系やスピリチュアル系の本には、必ずそのことが書かれています。聖典と呼ばれるような古《いにしえ》の本にも、表現は違っても同じことが書かれていると思います。基本中の基本。

しかし、私たちは、果たしてそのことを、心底、本当に理解しているかどうか。

私は、確信だけは持っています。

「自分の周りの現実は、自分の心の投影である」

「自分は現実に対して、全責任を負っている」

本当にそう思っています。心の底から、確信しています。

なぜ、確信が持てるのか…。

それは――「あの体験があったから」です。

あのとき、何が起きたのか――。
一瞬の出来事でしたが、おそらくボンッ！と飛び出したときに、振動とともにエネルギー体としか言いようのないものが、私の中に入ってきたのではないかと思います。
入ってきたのは、「思いは現実化する」という「情報」――その体感、実感とでもいうべき「真実」です。

それを仮に「悟り」と言うならば……、
私が「悟った」わけではなく、
「悟ったらこうなるよ」ということを、垣間見ただけです。

それを仮に「覚醒」と言うならば……、
私が「覚醒した」わけではなく、
「覚醒したらこうなるよ」ということを、垣間見ただけです。

体験⑥「本来の自分」を思い出す

２０１１年11月の「スターラインズ」プログラム。このときは、参加者ではなくトレーナーとして、運営のアシスタントを担当しました。

具体的には、コントロールルームで、エクササイズ用のCDをセットし「今から始めます」とアナウンスし、スタートします。CDが終わったら「終わりました。目覚めましょう」などとアナウンスします。

実は、このとき、私は「怒り」の感情と向き合っていました。表面的には普通にしていましたが、心の中では埋《うず》み火《び》のように、怒りの感情がくすぶっていたのです。

もともと私は短気な方です。一見温厚そうに見えるらしく、そんなことはないでしょうと言われることが多いのですが、わりとすぐに腹を立てる方なのです。顔には出ていないと思うのですが（出ていないと思っているのは本人だけかもしれませんが）……。

たとえば、上から目線で偉そうな感じのする人とか、大きなお世話をしてあげる人とか、どこにその根拠があるの？と思うような自信過剰な人とか、そういう人がいると、いるだけで、頭に来る、腹が立つ、ムッとする……という、実に子供っぽい。昔から、ホントに、なかなか成長していません。

この章の「体験② 封じられたシャドウの統合」では、黒いナマコのようなものをレトリーバルすることで、怒りの感情を統合しました。それによって、自分の感情を客観的に見られるようになっていました。

前節の至高体験では、「現実は自分が創っている」ことを体感し、確信しました。だから――相手を変えようと思ってもダメで、自分の心の中にある原因、記憶を手放さなければ、何も変わらない――ということも分かっています。

しかし、わかっちゃいるけど……まだまだです。おそらく、一歩一歩経験を重ねながら、一枚一枚脱皮するように、成長していくのではないかと思います。

◆「本来の自分」が現実を創っている

プログラム3日目、午後のエクササイズで、不思議な体験をしました。

CDをセットし、アナウンスをしてスタートしました。しばらくすると、急に睡魔がやってきました。エクサイズは問題なく進んでいるし、大丈夫だろうと安心し、コントロール席を離れて、ヘッドフォンをしたまま隣のベッドに横になりました。やれやれ。

コントロールルームの仕事は、単にCDをかけてアナウンスをするだけではありません。音響のトラブルが発生するかもしれないし、参加者の方から呼び出しがあるかもしれません。ホテル側から連絡が来る場合もあります。なので、休んでいるわけにはいかないのです。CDが終わっているのに寝ていたりしたら、ヤバイです。

しかしこのときは、寝たらダメだと思いながら、スコンとシャットダウンしてしまったのです。

ハッと目が覚めました。——ヤバイ！

ヘッドフォンから流れてくる音に耳を傾けました。

え？　音がしない。終わった？

すぐにベッドから起き上がり、コントロール席に座って、CDプレイヤーの時間表示を見ました。大丈夫です。まだ時間は残っています。CDは動いています。——OK。

やれやれ。ふう。ため息をつきました。もうベッドには戻らないようにしよう……と思って、ベッドのほうを見ました。

——ゾッとしました。悪寒が走りました。鳥肌が立ちました。
ベッドの上には——「私が」いたのです。ヘッドフォンをして寝ています。え〜〜っ。

※

ハッと目が覚めました。——ヤバイ！

え？　何が？　どうなった？

私はベッドの上に起き上がっていました。

え？　さっきのは夢？　コントロール席の方を見ました。誰もいません。部屋の中を見回しました。私一人です。

何だったんだろう……。

コントロール席に座って、CDプレイヤーの時間表示を見ました。大丈夫です。まだ時間は残っています。CDは動いています。——OK。

——あれ？　さっきも同じことをしていたぞ。さっきの残り時間は……思い出せません。ちゃんと見たはずなのに……。あれ？　夢だったのか？

私はこのあと、ヘッドフォンから流れてくる音に注意を向けました。エクササイズは、フォーカス42からフォーカス34／35に戻ってきたところでした。

そのとき、なぜか、ふと、以前の体験を思い出しました。フォーカス15のセミナーを受けたときのことです。

フォーカス15から「トータルセルフ」にアクセスしたとき、突然見えてきた映像がありました。「ハンガーにたくさんの服が掛けてある」という風景です。紳士服のお店のような感じです。真っ暗でした。

誰かが服を物色している様子です。ハンガーごと取り上げて、鏡に映る姿を見ながら選んでいます。

そして――「次の人生ではどの服を着ようか」と考えているのです。

次の人生では、どんな服を着て、どんな体験をするのか――自分で選んでいるのです。自分で自分のキャラクター（服）を選んでいる……。「着せ替え人形」で遊んでいるかのようでした。

とても象徴的です。何を経験するのか――自分で選んでいる。

この体験を思い出したとき――重要なことに気づきました。

「自分」が現実を創っているのではない。
「本来の自分」が現実を創っている。

「本来の自分」とは、トータルセルフ＝I／There（アイゼア）も含めた自分。

そうです！

トータルセルフ・レベルの自分が！　この現実を創っている！


謎が解けたような気がしました。


現実を創っているのは、「今の自分」（顕在意識レベルの自分）ではなく、「本来の自分」（トータルセルフ・レベルの自分）です。

だから、「今の自分」が思いを変えたら現実は変わる、と思ってアファメーションしたり願いを一万回唱えたりしても、なかなか変わらないんです。

もし、現実を思い通りにコントロールしようと思ったら、「本来の自分」レベルでパターンを書き換えなければならない。

そうなんです！　そうなんです！　納得です！　わかりました！


エクササイズは終わりました。私はアナウンスします。

「手足を伸ばして、深呼吸をして、意識を肉体に戻しましょう。目が覚めたことを確認したら、ヘッドフォンをはずして起き上がってください。それでは、ミーティングルームにお集まりください」

あれ？――不思議な感じがしました。
平和――です。
私の心は――穏やかです。怒りの感情が、どこかに行っていました。
何が起きたのかわかりませんが、私は平静に戻っていました。不思議です。

なぜ怒るのか。なぜ怒りの感情が出てくるのか。それは――「自分」の思い通りにならないからです。自分の思い通りの現実にならないからです。

でも、この現実を創っているのは、「自分」です。正確には、「本来の自分」です。

だから、「自分」がとやかく言ってもどうにもなりません。文句を言う相手は、「本来の自分」に対してです。

「自分」としては、この現実は嫌だと思っている。変えたいと思っている。でも、「本来の自分」はこれで良いと思っている。そこで、「自分」は怒る。なんとかならないのか！　なんとかしてくれ！

これでは、「自分」と「本来の自分」の意見がバラバラです。しかし、結局は自分です。結局、自分がこの現実を創っているのです。

もし、「自分」と「本来の自分」のコミュニケーションができていれば、一体になっていれば、腹は立たないのではないか、と思います。
貴重な体験をしました。怒りは収まりました。しかし、今回も一時的なことです。今も私は相変わらず短気です。繰り返しになりますが、成長や進化というのは、劇的なものではなく、行きつ戻りつ、少しずつ、薄皮をはぐように、進んでいくものだと思います。

さて、ヘミシンクのエクササイズを通してさまざまな体験をする中で、私は〝私〟という存在を深く認識し始めました。それは、先にも触れた、「セルフ（自我）」「インナーセルフ（自己）」「ハイヤーセルフ（超自己）」の関係です。続きは第6章で述べます。

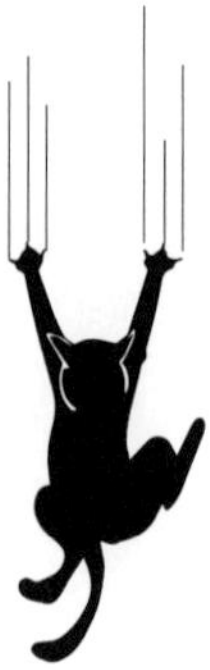

第５章　マインドフルネスとヘミシンク――併用のススメ

瞑想における５つの要素（仮説）

私の個人的な仮説ですが、瞑想には次のような５つの要素があると思います。

①「弛緩」リラクゼーション
②「集中」フォーカス・アテンション
③「観察」オープン・モニタリング
④「祈り」プレアー
⑤「想像」イマジネーション

この５つの要素は、ヘミシンクによる誘導瞑想を探求しながら、ヨガやホ・オポノポノ、マインドフルネス瞑想など他のプラクティスを実践する中で、個人的にまとめてきたものです。

この章では、瞑想の5つの要素について、私の実体験に基づいて考察するとともに、ヘミシンクがいかに瞑想の実践をサポートできるのか――ヘミシンクの活かし方について提案します。

①「弛緩」リラクゼーション

①のリラクゼーションは、すべての瞑想の基本です。心身ともにリラックスすることから、瞑想はスタートします。太極拳や気功、ヨガなど、動中禅やダイナミック・メディテーションと呼ばれる、体を動かしながら行う瞑想の場合でも、動きながらも心身はリラックスしています。

②「集中」フォーカス・アテンション
③「観察」オープン・モニタリング

②集中と③観察は、ブッダの瞑想法では「集中系」を「サマタ（Samatha）」、「観察系」を「ヴィパッサナー（Vipassanā）」と言い、2つ合わせて「サマタ・ヴィパッサナー」。漢字では「サマタ＝止」、「ヴィパッサナー＝観」で「止観」。2つのバランスが大切だとされています。
「サマタ瞑想」は、呼吸やマントラ、イメージなどの対象に意識を向けることを続けていき、心の安定「サマーディ（三昧＝定）」を養います。

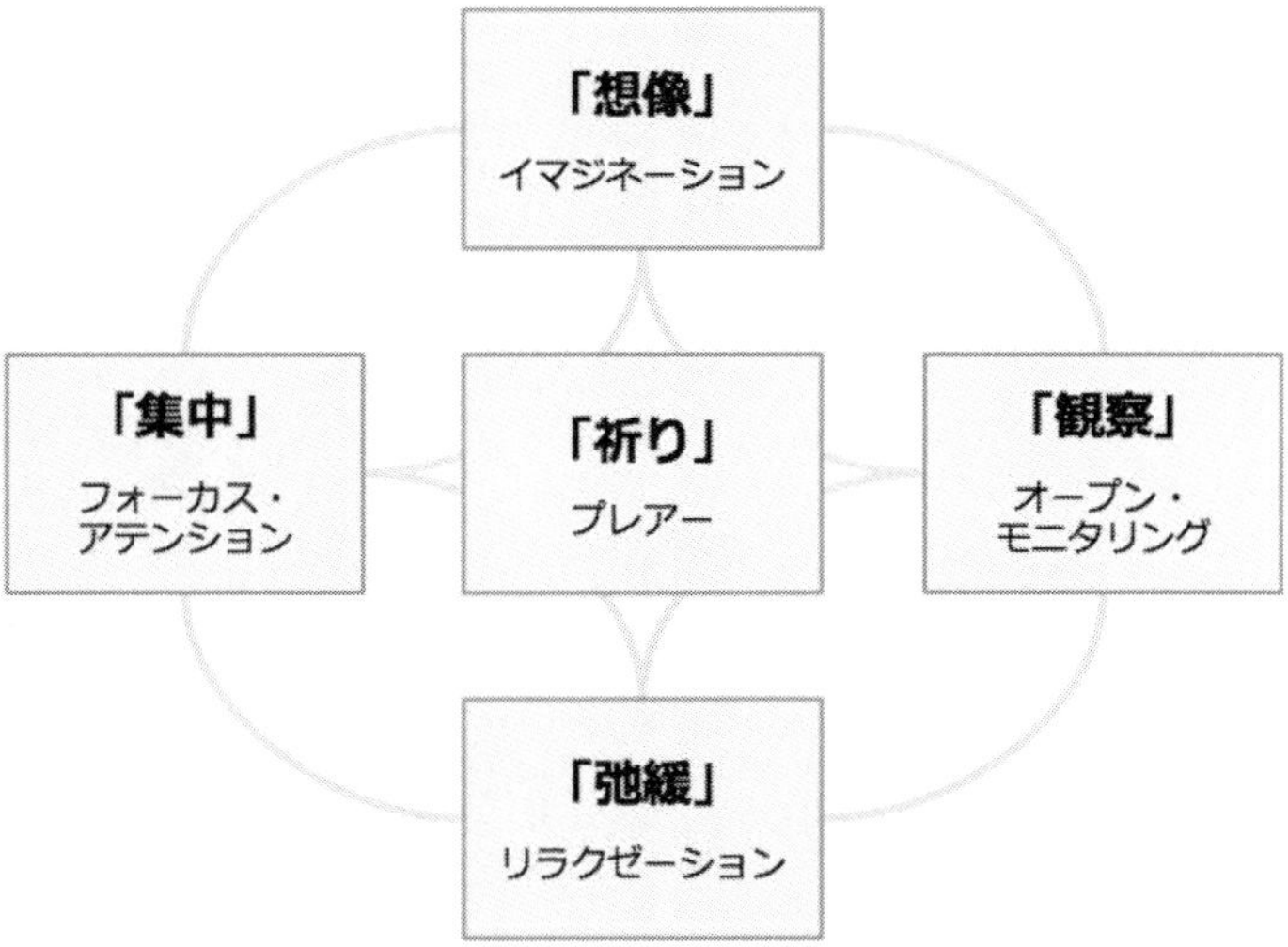

【図】瞑想における５つの要素（仮説）

「ヴィッパッサナー瞑想」は、その瞬間、瞬間に起こるすべてをありのままに観察し自覚し続けていくことで、「パンニャー（般若＝智慧・洞察）」が育まれ、最終的には究極の平安である「ニッバーナ（涅槃）」に至る、というものです。（ヴィ＝明確に、パッサナー＝観る）

「ヴィッパッサナー瞑想」は、ブッダが悟りを開いた瞑想であるとされ、これが「唯一の道」であると言われています。

「ヴィッパッサナー瞑想」には、「サティ＝念」という心の働きが不可欠であるとされています。「念」は、第3章で述べたように、「今」の「心」――「今ここ」の意識です。

マインドフルネス瞑想は、ヴィッパッサナー瞑想から宗教色を排してエッセンスだけを残し、現代人にも受け入れられやすいようにシンプル化したものであると言われています。

「集中＝サマタ」を「フォーカス・アテンション」といい、意識を集中して思考を絞り込み、気を散らすものを締め出すこととし、「観察＝ヴィッパッサナー」を「リセプティブ」あるいは「オープン・モニタリング」といい、思考や感情、感覚に巻き込まれることなくモニターすることであるとしています。

「モニター」する意識というのは、自分の意識を一歩離れたところから眺める「メタ意識」であると言われています。これが、気づき続ける「もう一人の自分」ですね。

④「祈り」プレアー（Prayer）

「祈り」は、ほとんどの宗教にみられる行為ではないでしょうか。神仏に対してだけでなく、自然に対して祈りを捧げる、あるいは平和や幸福を祈る……。祈祷や祈願、祝詞なども祈りではないかと思います。仏教には「慈悲の瞑想」があります。

ヨガにも「チャンティング」（マントラの詠唱）や「キールタン」（楽器などを使って歌うインド版の讃美歌）があり、ホ・オポノポノにも「〝わたし〟の平和（The Peace Of〝I〟）」などの祈りの言葉があります。個人の願望ではなく、他者に対する平和と幸福の祈りです。

⑤「想像」イマジネーション

これまで述べてきたように、「想像」はヘミシンクによる誘導瞑想が最も得意とする分野です。スピリチュアルあるいはトランスパーソナルに関連する誘導瞑想では、催眠療法（ヒプノセラピー）や、ブライアン・ワイス博士の「前世療法」があります。白隠禅師の健康法「軟酥《なんそ》の法」も、酥（バター）という丸薬が頭上から足の裏まで流れ込んでくると想像しながら全身を癒していくというイメージングです。

以上の5つは、瞑想の種類やタイプではなく「要素」です。たとえば、観察系の瞑想にも集中やリラックスの要素は含まれています。想像系の瞑想にも、リラックス、集中、観察は含まれています。

どの要素を強調するかによって違いが出てくるのではないかと思います。さらに、指導者によって異なるテクニックが加わったり、ヘミシンクのようなツールが使われたりすることで、さまざまな瞑想法が存在しています。

たとえば、観察系の「気づき方」にも違いがあって、行為一つひとつに「ラベリング」をしていく方法と、「ただ気づいていく」方法があります。歩行瞑想で、前者の場合だと、ゆっくり歩きながら、足を「上げる↓運ぶ↓下ろす↓上げる↓運ぶ↓下ろす↓」というように、心の中で実況中継していきます。後者の場合は、大地と足の接する感覚だけでなく、風、音など周囲の様子も感じ、気づきながら、普通のスピードで歩きます。

誘導瞑想の場合、ヘミシンクを使う／使わないは大きな違いですが、ヘミシンクの誘導瞑想では、ほとんどの場合、録音済みの音声ガイダンスを使います。しかし、ヒプノセラピーなどでは、セラピストがライブでガイダンスしていきます。

提案――マインドフルネスに活かせるヘミシンク

ヘミシンクは、マインドフルネス瞑想に限らず、瞑想全般に活用できるツールです。ここでは、前述の5つの要素ごとに、ヘミシンクがどのように活かせるのかをご紹介します。

①「弛緩」リラクゼーション

リラクゼーションは、すべての瞑想法の基本です。ほとんどのヘミシンクＣＤには、リラクゼーションに導くための周波数とサウンドパターンが含まれています。

リラクゼーション専用に作られたヘミシンクＣＤもあり、それは以下のような３種類に分類できます。

一つは「安眠用」で、ピンクノイズ（１／ｆノイズ）にヘミシンク周波数が埋め込まれ、ゆっくりとしたデルタ波が生成され、深い睡眠へと自然に誘導されます。導眠用に聴いてもいいですし、朝までぐっすり眠れるように、連続して再生してもかまいません。ヘッドフォンが邪魔に感じる場合は、ステレオタイプのスピーカーで聴いてもかまいません。

「ディープ10リラクゼーション〔ガイダンスあり〕」「ヘミシンクで熟睡〔ガイダンスなし〕」「スーパー・スリープ〔ガイダンスなし〕」などのＣＤがオススメです。

（※注意：「ヘミシンクで熟睡」と「スーパー・スリープ」の２とは、寝ながら連続再生してＯＫです）

もう一つは「休息用」で、30分程度の短い休息に導いて、目が覚めたら完全にリフレッシュできる、というものです。デルタ波が短時間に深い眠りへと誘い、最後にはベータ波が爽快な目覚めをもたらします。目覚めた後は、疲れが取れ、活力がアップします。仕事や学習の休憩時間に聴くなど、いつでも好きな時に利用できます。

「キャットナッパー（ガイダンスあり）」や「ヘミシンク・ナップ（ガイダンスなし）」があります。

三つ目は、リラックスできるようなミュージックに、深い安らかな休息や眠りへと誘うヘミシンクの周波数が組み合わされたものです。波の音や風の音などの効果音が入っているものもあります。メタミュージックと言われるジャンルのCDで、ニューエイジ音楽からクラシック音楽まで、たくさんの種類があります。好みに合わせて選べます。導眠用や休息用として利用できます。睡眠用に連続再生することはできません。

「シーサイド・スランバー（海辺のまどろみ）」「スリーピング・スルー・ザ・レイン（雨に眠る）」「セリーン・スリープ（穏やかな睡眠）」「ドリームランド（夢の国）」「ララバイ（子守唄）」などがオススメです。

②「集中」フォーカス・アテンション

瞑想中に眠くなる原因の一つは、睡眠と休息が不足していることが挙げられます。リラクゼーション用のヘミシンクCDを活用すれば、十分に準備を整えて瞑想に臨むことができます。

集中力を高め、それを維持できるようなヘミシンク周波数とパターンの入ったＣＤがあります。集中して仕事や学習、作業などに取り組みたいとき、ＢＧＭとして流したり、ヘッドフォンで聴いたりすることで、パフォーマンスが向上します。電子音楽やクラシック音楽などの入ったものと、音楽の入っていないものがあります。

「コンセントレーション〈ガイダンスなし〉」があります。メタミュージックＣＤでは、「アインシュタインズ・ドリーム」「インディゴ～飛躍的な集中のために～」「グイタラ・クラシカ」「ゴールデン・マインド」「シーズンズ・アット・ロバーツ・マウンテン」「バロックガーデン」「ライトフォール～集中力のために～」などがオススメです。

瞑想時には、「肉体はリラックスしつつ、意識は目覚め集中している状態」が基本になります。この状態のトレーニングに最適なのは、「フォーカス10」という周波数とサウンドパターンの入ったヘミシンクＣＤです。

家庭学習シリーズ「ゲートウェイ・エクスペリエンス」の１巻目、「ＷａｖｅＩ　ディスカバリー〈発見〉」があります。これは誘導瞑想用のＣＤで、音声ガイダンスが入っています。「肉体の眠り、意識の目覚め」のトレーニング用として最適です。

③「観察」オープン・モニタリング

観察系の瞑想に必要な意識状態のトレーニングには、「フォーカス12」の周波数とパターンの入ったヘミシンクCDが最適です。

家庭学習シリーズ「ゲートウェイ・エクスペリエンス」の2巻目、「WaveⅡ スレッショルド（境界点）」がオススメです。

フォーカス12は「知覚の拡大した状態」と言われ、五感を超えた知覚——洞察力や直感力による把握を可能にする状態に導かれます。知覚は英語ではアウェアネス（Awareness）で、「気づき」とも訳されます。「気づきの広がった状態」——まさにマインドフルな意識状態です。

その他、瞑想用にはさまざまなヘミシンクCDがあります。音声ガイダンスのあるもの／ないもの、瞑想に向いたメタミュージックCDもあります。使い方としては、これらを聴きながら瞑想したり、聴いたあとに瞑想に入ると効果的です。

「ストリーム・ヘブン（ガイダンスあり）」「ヘミシンク・メディテーション（ガイダンスなし）」などがオススメです。メデミュージックCDでは、「イターナル・ナウ（永遠の今）」「インナー・ジャーニー（内なる旅）」「コスミックトラベラー（宇宙の旅人）」「コスミック・コンシャスネス（宇宙意識）」「セレスチャル・メディテーション（天界の瞑想）」「ハイアー（高次）」「リフレクションズ（黙想）」などがあります。

④「祈り」プレアー（Prayer）

ヘミシンクのエクササイズでは、アファメーションや自己暗示は「フォーカス10」の意識状態で行うと効果的である、とされています。祈りの意識状態も同様ではないかと思います。

前述の、家庭学習シリーズ「ゲートウェイ・エクスペリエンス」の１巻目、「ＷａｖｅＩ　ディスカバリー（発見）」がオススメです。

さらに効果的なのは、「フォーカス15」です。なぜなら、フォーカス15は、「創造と具現化」に最適な意識状態だからです。具現化とは、思考や思いという非物質のエネルギーを物質界に現実化することです。祈りも同じです。祈ることによってこの世に影響を与えようとするものではないでしょうか。

家庭学習シリーズ「ゲートウェイ・エクスペリエンス」の５巻目、「ＷａｖｅＶ　エクスプロアリング（探索）Ｆｏｃｕｓ15への旅」が、該当します。

その他、個人的にオススメしたいのは、以下のＣＤです。

「地球と宇宙をハートで結ぶ（ガイダンスあり）」「地球と触れ合う（ガイダンスあり）」

「ウェイブス・オブ・ラブ（打ち寄せる愛の波）」「エンジェル・パラダイス（天使の楽園）」「タッ

チング・グレース（恩寵）」「ヘブン・アンド・アース（天と地）」

⑤「想像」イマジネーション

ヘミシンクによる誘導瞑想用ＣＤの中で、初心者向けにオススメしているのは、「ザ・ビジット（訪問）」「モーメント・オブ・レバレーション（啓示の瞬間）」「過去世（別の人生）探究」の３つです。いずれも音声ガイダンス付きです。「共同瞑想」７つの手順に沿ってエクササイズを行います。

中級者向けとしては、「内なるガイドにつながる」「内なるヒーラー」「胎児退行体験」「イントゥ・ザ・ライト（光の中へ～臨死体験の瞑想）」「ハイヤーセルフへの帰還」「心と体の若返り」「ゴーイング・ホーム（患者用）」があります。

本格的に取り組む方には、「ゲートウェイ・エクスペリエンス」の６巻セットをお勧めします。

「ゲートウェイ・エクスペリエンス」に取り組まれる方には、参考書として『ヘミシンク完全ガイドブック（永久保存版）』をお勧めしています。

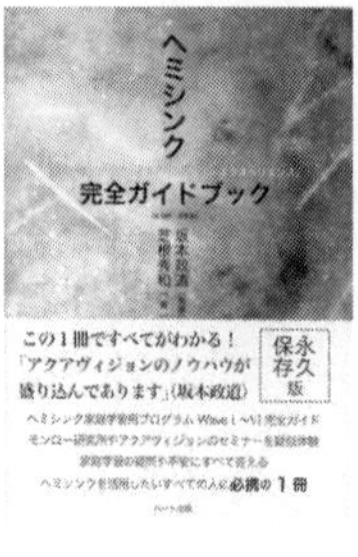
ヘミシンク
完全ガイドブック
この１冊ですべてがわかる！
「アクアヴィジョンのノウハウが盛り込んであります」（坂本政道）
永久保存版

もし興味を持たれたら、自宅でＣＤを聴くだけでなく、ぜひヘミシンクのセミナーに参加してください。アクアヴィジョン・アカデミーの日帰りコースなら手軽です。全国各地でやっていきます。可能なら５泊６日のモンロー研究所プログラムに参加してみてください。必ず効果を実感できると思います。

モンロー研究所プログラムの中で、日本語で受講できるのは「ゲートウェイ・ヴォエッジ」「ガイドラインズ」「ライフライン」「エクスプロレーション27」「スターラインズ」「スターラインズII」の６種類です。

日帰りコースには、「エクスカージョン・ワークショップ」「シンククリエーション・ワークショップ」などがあります。

マインドフルネス瞑想は、休みなく毎日継続することが大切です。ヘミシンクのエクササイズの場合は、ある程度の期間集中して取り組むことで、効果が期待できます。繰り返しになりますが、自転車の練習と同じです。集中して練習し、コツをつかんで乗れるようになったら、しばらく間が空いても乗り方を忘れることはありません。なので、できるだけ宿泊型のセミナーに参加することをオススメしています。

併用のススメ

モンロー研究所では、ヘミシンクのエクササイズとともに、瞑想やヨガなどのワークを継続しても問題はない、としています。私は、むしろ積極的に併用した方がいいのではないかと思っています。ヘミシンクを使った誘導瞑想のエクササイズと、ヘミシンクを使わないマインドフルネス瞑想やヨガなどを、同時に両方やっていくのです。必ず、相乗効果が期待できます。

私自身、最初はどれも中途半端でしたが、いろいろかじった結果、自分にはヘミシンクがフィットしているのではないかと思って続けてきました。そして、やっとコツをつかんだぞ、という段階になって、次のステップが現れてきました。

最初は「ヨガ」です。次に「ホ・オポノポノ」。そして「ヴィパッサナー瞑想」でした。

直感と好奇心に従って始めましたが、今になって思うのは、ヘミシンクも含めて、これらに共通しているのは**「マインドフルネス」**と**「本来の自分」**ということです。アプローチは違っていても、同じ頂上を目指していたのです。

今でも私は、ヘミシンク・セミナーのトレーナーとして、ヘミシンクのエクササイズを継続しながら、ヨガのレッスンも続けていますし、ホ・オポノポノも実践し、ヴィパッサナー瞑想にも取り組んでいます。

逆も言えるのではないか、と思います。つまり、マインドフルネス瞑想などに取り組んでいる方にも、ヘミシンクの活用をぜひ試していただきたいのです。まったく損はしません。必ず新しい発見があると思います。可能性が広がると思います。

以下、私の経験ですが、ヘミシンクに取り組みながら、どのようにして他のプラクティスも併用するようになったのか、その経緯を説明します。

ヨガとマインドフルネス

ヘミシンクによる誘導瞑想を始めて1年半。やっとコツをつかみ始めたころ、「ヘミシンク以外に何か〝肉体を使ったワーク〟をやらなければならない！」という強い衝動に駆られるようになりました。２００６年の初夏でした。「衝動」としか言えないのですが、とにかく「やりたい」「やらねばならん」というような気持ちでした。一種の直感、インスピレーションだったと思います。

体を動かすと言っても、学生時代にやっていた柔道や少林寺拳法のような武道をやるつもりはありませんでした。ジムに通うのもガラではないし。ということで、気功、太極拳、ヨガなどから選ぼうと思い、いろいろ調べました。しばらくして、縁と出会いがあって、シャンティパット(Shanti Path)という都内のヨガ教室に通い始めました。今でも週2回、1回2時間のレッスンに通っています。

主宰者は紙やまさみさんという女性です。まさみさんは、2歳から発病した腎臓病が、20歳のころには不治の病であるとの宣告を受け、西洋医学に疑問を感じてさまざまな民間療法や東洋医学を体験した後ヨガに出会い、修練を積んで健康を得たという方です。１９７８年からインド、ニューヨーク、サンフランシスコ、スペインなどのアシュラムで学び、１９８５年から現在のヨガ教室を始め、さらに１９９３年から９５年までインドのビハール・スクール・オブ・ヨーガ（ＢＳＹ）に留学しています。２００４年からはＢＳＹの親善大使を招聘して、本物のヨガを伝えるためのセミナーを主催しています。神奈川県湯河原町にヒーリング・スペースをオープンし、リトリートに活用しています。(私よりも年上ですが)とても若い。とにかく、元気でエネルギッシュな方です。

◆「無意識の瞬間のないことが、究極のヨーガです」

レッスンでは、アーサナ（ポーズ）だけでなく、プラーナヤーマ（呼吸法）や瞑想も行います。また、骨格矯正のための筋肉トレーニングも行います。満月のチャンティング、新月のキールタンもあります。テクニックだけでなく、ヨガの教えや哲学を噛み砕いてわかりやすく伝えてくれます。

たとえば――**「無意識の瞬間のないことが、究極のヨーガです」**。

「知らないうちに、雑念に囚われていた」「集中力が切れて、別のことを考え始めていた」「どうしようもなく、ある感情に囚われてしまう」「知らないうちに、抑圧していた感情が表に出てしまった」……このような状態に陥らないように、たとえ陥ったとしても、そのことに囚われたり執着することなく対処できるように――**「常に意識的な自分であるために、体で練習する」**――それがヨガである、と。

まさに――**マインドフルネス**そのものです。

アーサナでは、力を入れるところ、緩めるところなどを意識的にやっていかないと効果はありません。つい考えごとをしたり別のことに気を取られたりしていると、ポーズが崩れます。これは見ていてすぐにわかってしまいます。アーサナは、体の健康のためだけでなく、意識的な自分、自覚的な自分を育てていくトレーニングにもなるのです。

レッスンは、呼吸を整えることから始まります。

呼吸に意識を向けます。無理に長くしたり浅くしたりせず、自然な呼吸です。息を吸います。吸っていることに気づきます。息を吐きます。吐いていることに気づきます。次に、意識的にゆっくりと呼吸します……。

呼吸に気づいていく——これも、**マインドフルネス**です。

◆「ヨーガ・ニドラ」——フォーカス10

ヨガのテクニックの1つに、「ヨーガ・ニドラ（YOGA NIDRA）」という誘導瞑想があります。直訳すると「ヨーガ的眠り」。ナレーション入りのCDが販売されています。まさみさんがナレーションを吹き込んでいるCDもあります。

説明文を読んで驚きました。

「インストラクターの声にしたがって、眠る練習をします。ただし、普段の睡眠とは異なり、意識は起きたまま体だけを眠らせる特殊な眠りです」

――これは、まさに**フォーカス10**の意識状態です。さらに、

「CDのインストラクションにしたがって体の各部分を順番に緩ませ、肉体、エネルギー体を越え、その下の『潜在意識』まで降りていきます。はじめはただ眠ってしまいますが、練習を繰り返すと次第に潜在意識の深いところに降りられるようになります」

とあります。これは、ヘミシンクの「10ポイント・リラクゼーション」というテクニックにそっくりです。そして、

「ここに本当に『なりたい自分』のイメージを、決意として植えつけます。これが後に実現するという効果が期待できます」

――これは、ヘミシンクでは「パターンニング」という願望実現のテクニックです。

「決意」のことを、サンスクリット語で「サンカルパ」と言うそうです。

「サンカルパは、簡潔で明確な言葉にしましょう。『～しない』といった何かを否定するネガティブな決意ではなく、肯定文になるように作ります」

と言われます。これは――「アファメーション」のつくり方とまったく同じです。ロバート・モンローがヨガの影響を受けたのかどうかわかりませんが、プラクティスとして関連があることは確かです。実際、モンロー研究所のプログラムでは、自由参加ですが朝食の前にヨガのレッスンが組み込まれています。

◆知覚の拡大――フォーカス12

シャンティパットでは、定期的にレトリートを行なっています。1泊2日か、2泊3日。「マウナ（沈黙行）」を行ないながら。リトリート中に1時間ずつの瞑想を約10回行ないます。私も何度か参加したことがあります。瞑想の方法はさまざまです。集中系のものもあれば、観察系のものもあります。

あるとき、面白い体験をしました。相変わらず、足を組んでの瞑想は苦手で、痛いししびれるしリラックスも集中もままならないのですが、それでも何回目かの瞑想中に、とてもクリアな状態にいる自分を発見しました。そのときは、屋外でヴィパッサナー瞑想をやっていました。足も痛くありません。腰も大丈夫です。肉体の感覚が薄れていることに気がつきました（フォーカス10のような感覚）。しばらくすると、意識が冴えてきました。さらに、意識が拡がっていくような感覚がしてきました。

そのとき、不思議なことが起こりました。突然――周囲の音が鮮明に聞こえるようになったのです。さわさわという風の音、葉の触れあう音、鳥のさえずり……それらが鮮明にクリアに聞こえはじめたのです。そして――ボリュームが一気に上がりました。ブワーッと、音の波に翻弄されるようでした。意識は醒めています。

びっくりしましたが、しばらくすると慣れてきました。音量も下がってきました。しかし、音に対して敏感な状態は続いていました。すべての音を認識できるような気がしてきました。音と自分が一体化したような感覚です。そのとき、どこからか人の話し声が聞こえてきました。さらに、コーコッコッコというニワトリの鳴き声が聞こえてきました。周りには人間もニワトリもいません。不思議です。この状態は、おそらく5分か10分くらいだったと思います。また足の痺れと痛みに意識が戻ってしまいました。

このとき私は、おそらく**フォーカス12**の意識状態――知覚が拡大したに状態なっていたと思います。

◆感情をコントロールする方法——気づき続ける

2013年9月、前述のBSY（ビハール・スクール・オブ・ヨーガ）から、スワミ・サッチャダルマ・サラスワティ師を招聘して、セミナーが開催されました。

サッチャダルマさんは、BSYの公認親善大使で、シャンティパットの主宰者、紙やまさみさんの師匠筋にあたる方です。アメリカ人の女性です。現在はオーストラリアに住んでいます。日本には2006年以降定期的に来日されており、この年は「クリヤ・ヨーガ」という奥義の2回目の伝授と、もう一つ「感情をコントロールする方法」というテーマでセミナーが開催されました。

「感情をコントロールする方法」は、実にシンプルなものでした。


「心は（思考や知性ではなく）感情の中心に在る」

「心を開けば、本当の自分（True Self）とつながる」

「心を開いて、自分の感情に気づいていく」

——なるほど。それで？

「気づき続ける」

——なるほど。それで？

「気づき続けるだけ」

観察し**「気づき続ける」**……まさに**マインドフルネス**です。

シンプルです。しかし――難しい。

私たちは、感情に翻弄されがちです。怒ったり、悲しんだり、拗ねたり、驕ったり、妬んだり……そんな感情の渦の中で、気づき続けていく。

サッチャダルマさんの誘導瞑想がありました。これは、オープン・モニタリング系の瞑想そのものでした。流れは、以下のような感じでした。

目を閉じて、呼吸に意識を向けていきます。……　体に意識を向けます。……

次に、意識を体から外に向けます。風が吹いています。鳥のさえずりが聞こえます。林があり、森があり、草花があります。香りを感じます。風を肌で感じます。……

次に、体に意識を戻します。あなたの意識は体の中にあります。……

心の中にあるものを感じます。気づいていきます。気づき、感謝し、手放します。……

もう一度、意識を体に戻します。今座っているこの場所を感じます。

◆身体との対話——体の声を聴く

アーサナ（ポーズ）のレッスンが一通りの終わったあと、少し長い「シャヴァ・アーサナ」を行います。仰向けに寝て、全身の力を抜き、自然呼吸で、ヒーリング音楽に身を委ねて数分間、リラックスして疲れを癒し、心を空っぽにするポーズです。シャヴァというのは「死体」という意味ですが、シャンティパットでは「海に浮かぶポーズ」と呼んでいます。

あるとき、面白い体験をしました。それは——「身体との対話」でした。

シャヴァ・アーサナが始まってしばらくしたとき——ブルブルッと振動がやってきました。ハッとして目を開けました。すぐに振動は収まりました。実際に肉体が振動したのではなく、エネルギー体の振動でした。

振動が収まったあと、ふと「お返しします」という言葉が出てきました。声には出していません。心の中で「しばらくの間、お返しします」と。自分でもびっくりしました。そして次に、「今から離れます」という言葉が出てきました。

私は、自分の肉体から意識を遠ざけるようにしました。肉体のコントロールを、すべて手放したのです。そして、何も考えないようにして、シャヴァ・アーサナの時間が終わるのを待っていました。

そのときの私の思考はほんの一瞬のことでした。しかし、説明するとけっこう長くなります。

肉体は、いつも私のわがままを聞いてくれています。歩こうと思えば足が動きます。字を書こうと思えば指が動きます。さらに、私の知らないところでも働いてくれています。食べ物を口から入れれば消化してくれて、栄養分を吸収し、排せつしてくれます。心臓は勝手に動き、血液を循環させてくれます。私の思う以上のことをして、私を助けてくれています。

私の肉体を構成する60兆個の細胞は、一つひとつが、個別の生命体です。一つひとつに意識と意志があります。それらが寄り集まって、心臓や肝臓などの臓器や神経系などの部位を組織化しています。そして私という肉体全体を創り上げています。一つひとつはバラバラなのに、寄り集まって、全体として調和し、働いています。

いつもありがとう。しばらくの間、私は離れています。この体は、あなたたちにお返しします。その間は、私のためではなく、あなたたち自身のために、働いてください。

しばらくの間、あなたたち自身のために、働いてください。いつもありがとう。

私は、全身から意識を離すようにしました。足の先から指先、胴体、顔、頭まで、すべて意識しないようにしたのです。しばらくして、音楽が終わりました。

「呼吸に意識を持ちます…。体にも意識を持ちます…。両手バンザイ。上下に伸びます……」――インストラクターの声で、離していた意識を肉体に戻してきました。シャヴァ・アーサナが終わりました。

いつも以上に、私はすっきりしていました。心身ともに、完全にリフレッシュできました。すばらしい。

それからはレッスンのたびに、シャヴァ・アーサナはこの方法で行うようにしました。さらに、ヘミシンクのエクササイズの際にも、このリラクゼーション法を行うようにしました。「いつもありがとう。私は離れています。お返しします。しばらくの間、あなたたち自身のために、働いてください」と唱えて、肉体から意識を離すようにするのです。非常にうまくいくようになりました。

その後、2~3か月が経ったあと、シャヴァ・アーサナをやっているときのことです。いつものように、肉体に感謝し、意識を離していきました。そのとき――ふと、肉体の声を聴いたのです。このときは、聴こえてきた、という感覚です。

「戻ってきてください。使ってください」

え？

「戻ってきてください。使ってください」

すぐに理解しました――そうなんです。肉体は、私のために存在してくれているのです。使ってほしいのです。動いてほしいんです。そのために、肉体は存在しているんです。――ありがたいことです。大事に使いたいと思いました。

これからも、体の声を聴くように努力したいと思いました。いつも勝手に使っていますが、ちょっとの間だけでもコントロールを手放し、体の声を聴く――そういう習慣を身につけたいと思いました。

◆大きな神様／小さな神様

シャンティパットの主宰者、紙やまさみさんは、難解なヨガの哲学を分かりやすい言葉に置き換えてくれます。アートマンとかブラフマンなどの言葉は使いません。**「大きな神様」「小さな神様」**と言います。

私たちの心の中には、小さな神様がいます。小さな神様は、大きな神様の声を聴いて、いつも語りかけてくれます。でも、私たちは心の中が片付いていないので、小さな神様の声が聴こえません。なので、心のお掃除が必要なのです。いつも心のお掃除をしていれば、小さな神様の声が聴こえるようになります。心のお掃除をして、小さな神様の声に心の耳を傾けましょう。

【出典】『本気の扉』紙やまさみ（シャンティパット）

この考え方は、次で述べる「ホ・オポノポノ」とまったく同じです。奇しくも私がへミシンクの実体験から学んだ「セルフ（自我）」「インナーセルフ（自己）」「ハイヤーセルフ（超自己）」とも共通しています。というか、私の考え自体、これらの影響を受けて整理してきたものです。

「ホ・オポノポノ」とマインドフルネス

2008年の春ころ、ある雑誌で「ホ・オポノポノ」のことを知りました。ほんの小さな紹介記事でしたが、ハワイ語の、この不思議な響きを聞いたとき、え？何これ？と思わず引き込まれてしまいました。

ネイティブ・ハワイアンに伝承されていた問題解決法であるホ・オポノポノ――それを、ハワイの伝統医療（カフナ）のスペシャリストであり、ハワイの人間州宝である、故モーナ・ナラマク・シメオナ女史（１９１３〜１９９２）が、現代社会で活用できるようにアレンジしたのが「セルフ・アイデンティティ・スルー　ホ・オポノポノ（ＳＩＴＨ）」であり、南北アメリカや欧州で実践され、さまざまな国際会議、高等教育の場にも紹介されてきた――とのことでした。

ホ・オポノポノの考え方は、どのような現実であってもそれは１００％自分の記憶（潜在意識）の現れであり、その記憶を**「クリーニング」**することで現実は変化し、自ずと問題は解決する、というもの。

クリーニングの基本は、（相手や対象に対してではなく）自分の記憶に向かって「ごめんなさい（I am sorry.）」「許してください（Please forgive me.）」「愛しています（I Love you.）」「ありがとう（Thank you.）」の４つの言葉を唱える、というもの。

モーナ女史の弟子で、ホ・オポノポノを継承したイハレアカラ・ヒューーレン博士には、次のような不思議な逸話があります。

ヒューーレン博士は、ハワイ州立病院の触法精神障害者収容病棟に心理カウンセラーとして赴任している間、一人もカウンセリングすることなく、「自分自身の記憶のクリーニング」を続けるだけで収容者たちを次々に退院させ、ついには病棟の閉鎖へと導いたというのです。ヒューーレン博士がこの病院に勤務したのはたったの三年間。

このエピソードがインターネット上の記事として紹介され、それがきっかけでヒューレン博士は一気に有名になったとのこと。ホ・オポノポノは、今や世界中でモーナ女史の弟子・孫弟子たちによってセミナーが開催され、急速に広がりつつあります。


ホ・オポノポノのシンプルさが気に入りました。大らかさに魅力を感じました。2008年当時には、すでにヒューレン博士は何度か来日し、セミナーを開いていました。しかし、なかなか日程が合わず、参加できませんでした。

ホ・オポノポノ関連の本が出版されれば読んでいました。そして、細々と実践していました。しかし、私が理解していたのは、まったく表面的なことでした。博士のセミナーに出て、初めてそのことに気づきました。

ヒューレン博士のセミナーに参加できたのは、3年後の2011年10月でした。「ベーシック1クラス」という入門のコースです。

感動しました。セミナーの内容もさることながら、ヒューレン博士の存在そのもの、立ち居振る舞い、話し方、雰囲気、セミナーの進め方など、博士を取り巻くすべてのことに感動しました。

腕を組んで、そのあたりを歩いているおじさんがいる。アロハシャツを着て、野球帽をかぶっている。活けてある花を触ってみたり、テーブルに触れてみたり、壁に向かって何かブツブツ言っている……。

そうしているうちに、急に話が始まります。まるで独り言のように。呟くように語りはじめます。「今日、私が皆さんにお話ししたいこと。それは、人生の目的についてです。人生の、真の目的……」

――え？　もう始まったの？　いきなりのスタートです。司会者の挨拶とか自己紹介とか何もない。通訳の方は、歩き回るヒューレン博士の後を追いながら、次々と訳していきます。

自然体でした。まったく気負いというものが感じられない。大きな声を出すわけでもない。何のパフォーマンスもない。穏やかに、ただ淡々と話し、質問に答えていく。時にユーモアを交えながら……。普通です。普通すぎる。しかし、それなのに――存在感があります。なぜなのか……。

すべてを流れに任せているようでした。自分では何も未来を計画しない。流れに任せる。ただそのときのインスピレーションに従っているだけ……。セミナー自体も、その方式で進めているのです。常にクリーニングし続けている存在。存在そのものがクリーニング。

セミナーに出て、理解不足だった点、誤解していたこと、疑問に思っていたことなどが、ほとんど解決しました。

◎クリーニングの対象は、外にあるのではない。自分の中にある。自分の中にある記憶。

◎クリーニング・ツールである４つの言葉は、誰に向かって唱えるのか。相手に対してではない、自分に対して唱える。自分の潜在意識《ウニヒピリ》に対して、クリーニングする機会をみせてくれて「ありがとう」。いままで気づかなくて「ごめんなさい」「許してください」。私は、あなた（ウニヒピリ）とこの記憶を「愛しています」。

（ウニヒピリは、インナーチャイルドともいう）。

◎この現実はすべて自分が作りだしたものだから、100％自分に責任がある。何が起ころうと、原因は全て自分の中にある。自分の中にある記憶が再生したもの——それが、この現実。

◎この世には、二つのことしか存在しない。一つは「記憶の再生」。もう一つは「インスピレーション」。

◎人生は、記憶をクリーニングしているのか／していないのか、どちらかだけ。

◎「記憶」をクリーニングすれば、ゼロになり、「インスピレーション」がやってくる。

◎常にインスピレーションとともに生きることが、人生の真の目的。

◎クリーニングをスタートさせるのは、顕在意識《ウハネ》。その意思を超意識《アウマクア》に届けてくれるのは、潜在意識《ウニヒピリ》。インスピレーションを最初に受け取るのは潜在意識《ウニヒピリ》。

◎問題の原因を探る必要はない。私たちには、原因はわからない。わかったつもりになっていても、それ自体が記憶の再生。

◎記憶を消去できるのは、無限《ディビニティ》／神聖なる知性だけ。

◎顕在意識《ウハネ》と潜在意識《ウニヒピリ》とのより良い関係を築いていくことが最も大切なこと。
◎クリーニングしてもいいですか？と必ず許可を求める。勝手にやらない。許可を求める。そして、いっしょにクリーニングしませんか？と誘う。
◎4つの言葉は、代表的なクリーニング・ツール。ツールは他にもある。自分なりのツールを使えばいい。それはインスピレーションによってもたらされる。
◎結果は期待しない。期待も記憶の一部。期待する気持ちもクリーニングする。期待通りになるとは限らない。しかし、最適なものになる。
◎潜在意識《ウニヒピリ》が慣れてくれれば、勝手にクリーニングしてくれるようになる。
◎常にクリーニング。何があってもまずクリーニング。忘れていても、気づいたときにクリーニング。

「顕在意識《ウハネ》」「潜在意識《ウニヒピリ》」「超意識《アウマクア》」「無限／神聖なる知性《ディビニティ》」という、〝私〟のアイデンティティ（同一性）構造と、それぞれの役割についての説明を聞いたとき、「やはりこれだった！」と納得しました。そのようなことからも、「セルフ（自我）」「インナーセルフ（自己）」「ハイヤーセルフ（超自己）」の関係が整理できていったのです。

もう一点、ホ・オポノポノの実践を続けていて、大事なことがあると思いました。それは「気づいていく」ということです。ホ・オポノポノの実践は「自分の記憶をクリーニング」することですが、ともすれば、他のことに気が取られて、クリーニング自体を忘れてしまいます。

ホ・オポノポノでは、何か問題が起きたとき、自分の外の人物や出来事を直接解決しようとはしません。まずは、自分の内面の記憶をクリーニングします。そして、インスピレーションを得ながら行動を起こしていくのです。すぐに外に対して行動するのではなく、まずは内側のクリーニング。

しかし、理屈ではわかっていても、つい今までの習慣で、外の問題を解決しようとしてしまうのです。そのとき、「あ、しまった！　クリーニングを忘れていた！」と気づかなければ、ホ・オポノポノは実践できません。

そのためにも、自分がクリーニングできているかどうかを、常に監視（モニター）している「もう一人自分」を育てていく必要があります。観察し、自覚し、気づいていく能力です。まさに——**マインドフルネス**です。

したがって、ホ・オポノポノでいう「クリーニング」には「マインドフルネス」が含まれているのではないかと思います。

ちなみに、本で紹介されているクリーニング・ツールは、４つの言葉と、ＨＡの呼吸、ブルーソーラーウォーター、アイスブルーなどですが、ホ・オポノポノのプロセスには、祈りの言葉や瞑想、体を使ったエクササイズなども含まれていました。これも新しい発見でした。

やはり、ヨガや仏教瞑想、ホ・オポノポノには、かなり共通項があるのではないかと思いました。というか——ちょっとスピリチュアルな話になりますが——これらの教えの情報源は、向こうの世界の、どこか同じところにあるのかもしれません。

「気づきの瞑想を生きる」

◆プラユキ・ナラテボー師

２０１４年11月、私が会員になっている日本トランスパーソナル学会からのメールマガジンに、「11月22日プラユキ・ナラテボー師の講演会&瞑想会を開催！」というお知らせが載っていました。

プラユキ師って誰？——まったく知りませんでした。メルマガには、簡単にプロフィールが載っていました。

日本人でありながら、タイにて瞑想指導者・ルアンポー・カムキアン師のもとで出家された、もちろんタイにて活躍されているお坊さんです。そしてアーノルド・ミンデルやケン・ウィルバーを読みこなし、実践的な仏教を何より自分自身と深く向き合われている方です。また、ブッダの言葉を、とにかくわかりやすく説明してくれます。

なぜか、ピンときました。すぐに申し込みました。

プラユキ師の対談が紹介されていました。抜粋します。

ブッダのアプローチでは、問題の原因を過去にさかのぼって探っていくということはしません。まず今ここに生じていることに向き合い、あるがままに受け入れる。そのうえで、しっかりと吟味し、必要なものと不必要なものとをより分け、不必要なものは執着せずに手放していく、といった感じです。

今は過去の集大成。ですから今を幸せに生きられるなら、おのずと過去の一切の出来事は今の幸せのための原因となります。また、未来は今の結果として生じてくるもの。したがって、今を幸せに生きられるなら、その因によっておのずと未来にも幸せが待ち受けていることになります。過ぎ去った過去や、まだ来ぬ未来に思いを馳せる必要はありません。今ここの目の前の人と、あるいは今この瞬間の自身の心との一期一会を大事にして、心安らかにマインドフルネスな状態で、苦悩の物語を紡がず、幸せに生きることを自ら選択していけばいいんですね。

私たちはなにか辛いことが起こると、その理由や意味を求め、ときには前世に原因があるのではと思って、前世を見られるという人のところへ行ったり、あるいは、「あのときのバチが当たったのかも」と勝手にこじつけたりします。私たち人間にはこうした意味についての執着がすごくあるんですね。

「苦」と訳されるドゥッカ（DUKKHA）は、「思うようにならないこと」が原義なんですね。したがって、苦は「不確定性」とか「不確実性」とも訳せます。そのような思うようにならない不確実なことをあるがままに受け入れ、意味にこだわることなく、ただただ今ここでできる最善なことをやっていく。そうした善き行動を続けていけば、どんどんいい方向へと変化していくのですね。（傍点芝根）

【出典】中森じゅあん×プラユキ・ナラテボー対談

プラユキ師の恩師である故カムキアン師の言葉も紹介されていました。

修行に関して誤った方向に陥らないように導くお手伝いをいたしましょう。自分自身を見つめ、感じていく瞑想のやり方をお勧めします。…（中略）… 知らず知らずに考え事が起こってきますが、その考えに惑わされず、体に戻るように。体がここにあることを意識して、よく注意して観るようにしましょう。これを「パーワナー（心の成長、修養、智慧の開発）」と呼びます。パーワナーとは、気づくことに努めることで、静けさを求めるものではありません。それによって自分自身に気づくことがよくできるようになれば、迷いが少なくなり、真理が明らかになっていくでしょう。私たちは、体と心の真実を観ることができるようになるでしょう。そのものとなるのではなく、観るものとなる。体や心に何が起ころうとも明確にそれを知る者になりましょう。ときに幸せが起こってもそれを追う人とならず、幸せをただ感じる人となる。苦しみが起こってきても、苦しんでしまう人とならずに苦しみを観る人になるようにしましょう。（傍点芝根）

【出典】『「気づきの瞑想」で得た苦しまない生き方』カンポン・トーンブンヌム（佼成出版社）

◆実体験を通して気づき、学ぶ

「今が幸せであれば、過去も未来も幸せである」、「そのものになるのではなく、観るものとなる」

——私は、ハッと目が覚めました。心が洗われるようでした。その通りだと思いました。

実は、私事ですが２０１４年９月に私の母が亡くなりました。84歳でした。私は東京に住んでいますが、母は一人で田舎暮らしでした。父が亡くなったのは52歳でしたから、30年以上一人で生活してきました。数年前に手術をした後、徐々に弱ってきていました。亡くなる半年前に再手術をし、そこからは私の妻と妹が交代で看護していました。

葬儀を終え、初七日を過ぎた後、空き家になる実家の片付けや、相続手続き、四十九日の準備などを行いながら、普段の生活に戻りました。稼業の仕事も普段通り。さらに『ヘミシンク完全ガイドブック（合本・永久保存版）』（ハート出版）を編集していました。

しかし、何か歯車が狂っているような気がして、居心地の悪さを感じていました。今まで通りだと思っているのですが、いつもの自分ではないような、どこかギクシャクしている感じ……。何か違和感があるような感じ……。

――プラユキ師の言葉に出会ったのは、そのようなタイミングでした。そこで――ハッと気づいたのです。

個人的なことで恐縮ですが……結局、私は、子供の頃からの母の記憶や、故郷で生活していたころ（高校1年生まで）の記憶、古くなった実家での思い出など、過去の記憶を無意識のうちにリフレインしていました。亡くなる前に母と交わした会話を繰り返し思い出したりしていました。これから実家やお墓、田畑などを整理することになります。そのときに、親戚や近所の人たちにどのように説明し、今後どのように関係を続けていくか……などなど、あれこれと繰り返し考え続けていました。罪悪感、後悔、後ろめたさ……というか、これでよかったのかなあ、という不安感もありました。

つまり――私の心は、「今ここ」になかったのです。過去と未来に囚われていました。マインドフルネスではなかった。そのことに、気づきました。

気づくためのトレーニングは、ヘミシンクやヨガを通して、ずっとやってきたはずです。それなのに、現実を目の前にしたら、すっかり忘れていました。反省です。――実体験を通して気づき、学ぶことに勝るものはありません。

ヘミシンクのエクササイズをやっているときだけとか、ヨガのレッスンをやっているときだけではなく、日常生活のすべてを通して気づきを忘れないように心がけなければならない。そのための心のトレーニングを続けよう、と改めて決意しました。

これ以降、プラユキ師の講演会や瞑想会に何度か参加しました。そのほか、テーラワーダ仏教やヴィパッサナー瞑想、マインドフルネス関連の書籍を読んだり、講演会やセミナーに出席してきました。

テーラワーダとは、パーリ語で「長老の（thera）教え（vaada）」といい、ブッダの教えと修行をそのまま伝えている伝統的な仏教で、上座部仏教とも呼ばれています（かつては小乗仏教と言われていました）。大乗仏教は、ブッダ入滅の数百年後に勃興した新興の仏教で、紀元後2世紀中頃に龍樹（ナーガールジュナ）らによって理論付けされたとされています。大乗仏教は北インドから東アジアに伝えられましたが（北伝仏教）、テーラワーダ仏教は南インドから東南アジア中心に伝えられ（南伝仏教）、現在ではスリランカ、タイ、ミャンマー、ラオス、カンボジアなどで多数宗教になっています。欧米にも数多くの寺院や団体があり、日本にも幾つかの団体がありります。スリランカ出身のアルボムッレ・スマナサーラ長老が指導する日本テーラワーダ仏教協会が有名です。

ヴィパッサナー瞑想は、テーラワーダ仏教に引き継がれてきたブッダの修行法であり、そこからマインドフルネスが生まれてきた、という経緯です。

学生時代に仏教修行をかじったこともあり、テーラワーダ仏教について一通りのことは知っていましたが、改めて勉強し直しました。

◆手動瞑想と開放性

プラユキ師の瞑想指導で驚いたのは、東北タイを中心に行なわれている**「チャルーン・サティ（気づきの開発）」**という瞑想法です。プラユキ師は現在スカトー寺の副住職をされているのですが、そこでもこの瞑想が行なわれているとのこと。2種類あって、一つは「ヨックムー・サーンチャンワ（手動瞑想）」、もう一つは「ドゥーンチョンクロム（歩行瞑想）」。

「手動瞑想」の場合、一番の特徴は手の動きです。座った状態で、手をリズミカルに上下させるもので、14の動作を1サイクルにして、これを繰り返します。詳しくは師の著作『「気づきの瞑想」を生きる』（佼成出版社）をご覧ください。ＹｏｕＴｕｂｅにも動画がアップされています。動作はすぐに覚えられます。すぐに慣れます。しかし……

これをただ漫然と行っていたら瞑想にはならない。それではただの手の運動である。ポイントは、手のひとつひとつの動きに自覚的にしっかりと気づき（Sati）を伴わせていくことである。これが「気づきの瞑想」と称される所以だ。また、最初はなるべくひとつひとつの動きをしっかりと区切っていく。すなわち、右手を膝の上で立てたら一瞬そこで止めて、そして気づきをもってしっかり確認。次に手を上げ、一瞬止めて、気づく。というように続けていく。このときに言葉でのラベリングは行わない。あくまでも言葉の介在なしにダイレクトにただただ気づいていく。

そのように行っているうちに、必ずふらふらと心がさまよいはじめる。昨日あったことを思い出したり、明日の予定について考えはじめたりする。……（中略）……「今ここに心あらず」の状態になりはじめるわけだ。それに気づいたら、まずは何はともあれ、すかさず手に気づきを向けていく。手は昨日の手でもなく、明日の手でもない。今の手だ。あちらの手でもなく、こちらの手でもない。ここの手だ。手はいつでもニュートラルな今ここのリアルな手であるがゆえに、したがって手に気づきを取り戻せられれば、同時に今ここに立ち戻れること

になる。これによって心身一如の状態になれるわけだ。（傍点芝根）

手の温かさなどの感覚にこだわらないようにします、と注意されます。最初からそれらの感覚にこだわっていると、集中モードに入ってしまい、気づきではなくなってしまう。この瞑想の場合、手はあくまでも気づきの力を養うためのツールであり、集中の対象ではないのだと。

また、「手動瞑想」「歩行瞑想」ともに、基本的には目を見開いたままで行ないます。最初は戸惑いました。瞑想というとつい習慣で目を閉じてしまいます。しかしこの瞑想は開放性、オープンハートを大事にするので、外的には目を開いて手足を動かすという日常生活に近い形で行なわれ、内的には気づきの空間を広げるということが重視される、とのことでした。それによって……

これは瞑想実践者がしばしば陥りがちな罠、例えば感覚に集中していたら、そのうちに気持ちよくなってその静寂感の虜になってしまうことや、感覚や思考のいちいちを意識化しているうちに、次第に「感じてはいけない」「考えてはいけない」というような強迫観念に取り憑かれたり、焦燥感にかられるようになってしまうことを防ぐ意味合いもある。また身体的にも、頭痛や神経痛のような症状が生ずるのを防ぐ。

【出典】『気づきの瞑想を生きる』プラユキ・ナラテボー（佼成出版社）

瞑想を進めていくと、誰もがさまざまな感覚や感情、思考の波に直面することになります。そんなときでも「ありがとう」と言って、そこから学びなさいと。そういう経験のおかげで智慧や洞察（パンニャー）が育まれる。

プラユキ師の醸し出す雰囲気は、明るく、開放的で、温かです。格式張っていません。自由です。私には、それが一番の魅力でした。開放的というのは、タイ仏教には共通したものだそうです。もちろん、出家されているので厳しい戒律の中で修行されていますが、それを感じさせない余裕があります。手動瞑想や歩行瞑想も、このようなタイの風土の中から生まれてきたのでしょうか。

私がモンロー研究所やヘミシンクに魅力を感じたのも、自由さや開放性でした。教えや決まりごとがない。会員制などの組織もない。上下関係もない。

タイ仏教では、伝統的に**「タム・レンレン（遊ぶように・リラックスして）」**という姿勢で修行するように指導されるそうです。これも、モンロー研究所の**「Ｈａｖｅ Ｆｕｎ！（楽しみましょう）」**精神と同じではないかと思います。

「守破離」――自己流のススメ

ヘミシンクと並行して行ってきた、ヨガ、ホ・オポノポノ、ヴィパッサナー（マインドフルネス）瞑想という3つのプラクティスについて、私の体験を通して気づいたことを述べてきました。

私はこれからも、好奇心と直感で、ピンときたものは学び、体験し、どんどん取り入れていきたいと思っています。そして、最終的には、自分に最も適した方法（自己流）を確立したいと思っています。

世阿弥の『風姿花伝』に、「守破離《しゅはり》」という有名な言葉があります。これは、指導者から何かを学び始めてから、ひとり立ちしていくまでに人は、「守・破・離」という順に段階を進んでいく――という考え方を表したものです。

「守」――最初の段階は、指導者の教えを忠実に守っていく。指導者の言動をできるだけ見習って真似て、価値観や方法論を身体化し自分のものにしていく。すべてを習得できたと実感したり、指導者が「自分で考えろ」と助言することが多くなったら、次の段階にすすむ。

「破」――次の段階では、指導者の教えを破ってみる。自分独自に工夫して、指導者の教えになかった方法を試してみる。うまくいけば、自分なりの発展を試みていきます。

「離」――最後の段階では、自分自身で学んだ内容を発展させる。どの道にも必ず**「型」**があり、繰り返し学ぶ必要がある。型は受け継がれるが、実は少しずつ工夫が加わって次第に良いものが残されていく。型は常に変化している。変化し超えて、独自性《オリジナリティ》が創り出されていく。

「型」は武道にもあります。将棋や囲碁で言えば「定石」でしょうか。瞑想やヨガにもあります。ヘミシンクも同様です。「型」を頭と体で覚えて、次に自分で創意工夫し、最後は自分の「型」を作っていく。

人にはそれぞれ向き不向きもあれば、バックグラウンドの違いもあります。これまでに学んできたことの違いもあります。今生のテーマも違うでしょう。おのずから、成長のための方法論も違ってくるはずです。最終的には、自分にとって最適な方法（**自己流**）を編み出して、目的を達成していかなければならないのではないか、と思います。

みなさんにもオススメします。もし、ヘミシンクを使った誘導瞑想にピンとくるものがあれば、ぜひ試してみてください。

第6章　マインドフルネス――「いつも〝私〟と今ここ」に生きる

マインドフルネスの鐘

マインドフルネスを世界に広めた仏教僧と言われるのがティク・ナット・ハン師です。師の拠点であるフランスのプラムヴィレッジでは、15分ごとにマインドフルネスの鐘が鳴るそうです(プラムヴィレッジでは鐘を「招く」と言うとのこと)。

この鐘がなると、すべての人が、すべての動きを止めます。歩いている人も、本を読んでいる人も、話をしている人も、パソコンに向かっている人も、考え事をしている人も、全員がピタッと。一切の思考と行動を止め、鐘の音を聴き、３度深い呼吸に立ち止まる。

今の瞬間に気づきを促すための鐘です。日常生活のすべてをマインドフルに生きることを習慣化するために。

「マインドフルネス・ベル」というアプリがあり、無料でダウンロードできるとのこと。さっそく調べて手に入れ、仕事用のパソコンにインストールしました。15分ごとに自動的にベルが鳴るようにセットしてあります。音の種類も選べるので、ゴーンというようなお寺の鐘の音にしました。

鐘が鳴ったら、何をやっていてもいったん作業をストップします。一息、深呼吸をして、呼吸に意識を向け、「今ここ」に帰ります。そして、再び作業に着手します。

急ぎの仕事で中断したくないときもあります。集中を途切れさせたくないときもあります。しかし、そういうときでも、いや、そういうときだからこそ、深呼吸をして、一瞬だけでも「今ここ」に帰る。それを習慣にしたいと思っています。

行住座臥《ぎょうじゅうざが》――日常のすべての行為をマインドフルに行う。マインドフルに歩く、マインドフルに座る、マインドフルに食べる、マインドフルに休む……。

マインドフルネスは、今この瞬間に気づき目覚めているというエネルギーです。それは人生に深く触れることを、一瞬一瞬くりかえしていく実践です。そのためにどこか特別な場所に行く必要はありません。自分の部屋の中でも、どこかへ移動する途中でもできます。しかも、日常生活でいつもしていることとほぼ同じことをします。歩く、座る、働く、食べる、話す……。ただし違うのは、それらをしっかりと自覚して行うことです。

【出典】『ブッダの幸せの瞑想』ティク・ナット・ハン（サンガ）

マインドフルネス（mindfulness）の反対語は、フォアゲットフルネス「forgetfulness」（ぼんやりした散漫な心、気づきのない意識状態）があてられているそうです。

私たちの意識は、常に「マインドフル」か「フォアゲットフル」の、どちらかの状態にいます。

言葉を換えれば──

◎気づいているか／気づいていないか、
◎意識的か／無意識的か、
◎意図的か／惰性的か。

ホ・オポノポノで言えば──

◎クリーニングしているか／クリーニングしていないか。

さらに──

◎囚われない／囚われる、
◎自由／不自由、

とも言い換えられると思います。

私たちの人生の目的は、究極のところ――**「常にマインドフルな状態（＝いつも今ここ）で生きていけるようになること、それを目指して努力していくこと」**ではないかと思います。

「いつも今ここ」であれば、仏教的に言えば「洞察力（智慧＝パンニャー）」が育まれます。ホ・オポノポノ的に言えば「インスピレーション」とともに生きていけるようになります。ヘミシンクの体験から言えば「本来の自分」とコミュニケーションができるようになります。

三位一体仮説

「本来の自分」について、考えてみたいと思います。本書でこれまでに何度が触れてきた、「セルフ（自我）」「インナーセルフ（自己）」「ハイヤーセルフ（超自己）」について、です。

私の仮説ですが、**「本来の自分」**とは――「セルフ（自我）」「インナーセルフ（自己）」「ハイヤー

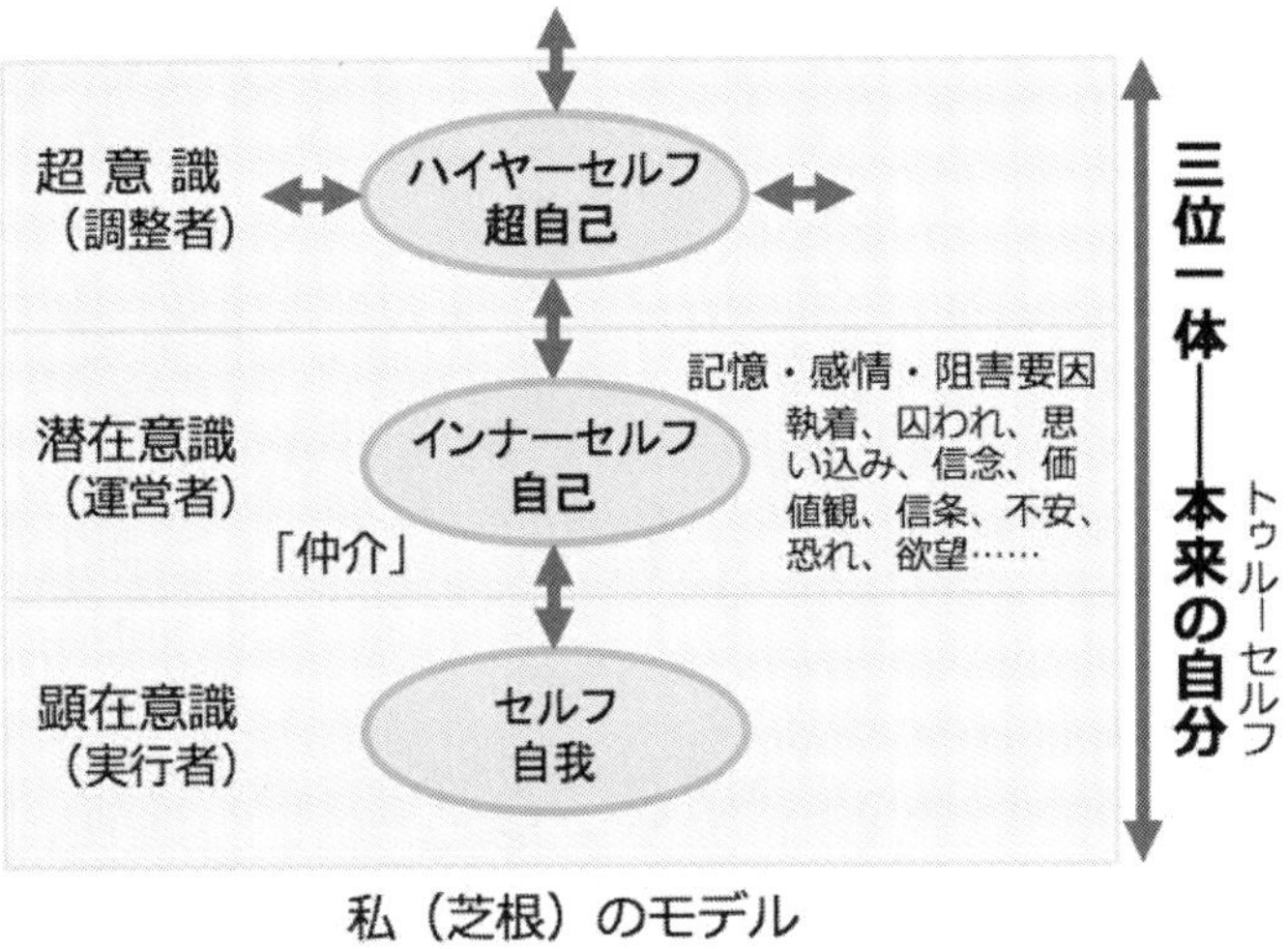

【図】三位一体――本来の自分

セルフ（超自己）」という3つの自分のすべてを含んでいるのではないか――と思います。

3者はそれぞれの役割を担っていて、お互いにコミュニケーションをとりながら、一体となってその役割を果たしていく存在ではないか、と思います。――三位一体です。

そして、**三位一体となった状態が「本来の自分」**（トゥルーセルフ）ではないか、と思うのです。

この考え方は、私のオリジナルではありません。モンロー研究所、ヨガ、ホ・オポノポノ、仏教などのモデルをもとに、私の実体験を踏まえて整理したものです。私にとって一番フィットする仮説だと思ってお読みください。

顕在意識の中心に**「セルフ（自我）」**がいます。セルフは、こちらの世を経験するための**「実行者」**です。こちらの世界を認識し、こちらの世界で行動し、こちらの世界を創造する。それがセルフの最も重要な役割です。

セルフは、単独では存在できません。本来は「インナーセルフ（超自己）」と一体となって働く存在です。しかし、セルフはそのことを忘れています。三位一体であることを忘れているのです。なので、思い出す必要があります。そのためにやるべきことは、インナーセルフとのコミュニケーションです。

セルフは、自分からコミュニケーションを仕掛けていかなければなりません。待っていてはダメです。インナーセルフとハイヤーセルフは、セルフからの働きかけを待っているのです。

潜在意識の中心に「**インナーセルフ（自己）**」がいます。インナーセルフは、「**運営者**」です。その役割は3つあります。
1つは――「**記憶**」の保全。過去の膨大な記憶の保全です。記憶が顕在意識で再生されるとき、純粋な情報としてだけでなく、喜怒哀楽の感情を伴って表現されます。そのとき、感情はセルフを惑わせます。それによって悩みや苦しみを産み出します。
2つ目は――「**肉体**」の統制です。24時間休まず、運動器系、循環器系、神経系、臓器系、免疫系、感覚器系など肉体のすべてを運営し、物質世界でセルフが働けるように肉体を制御しています。インナーセルフにストレスがかかると、うまく統制できなくなります。
3つ目は――セルフとハイヤーセルフの「橋渡し」です。セルフは、直接ハイヤーセルフとコンタクトすることはできません。インナーセルフの**「仲介」**が必要なのです。セルフは、インナーセルフとの良好な関係を築くことで、ハイヤーセルフとのコミュニケーションが可能になります。

超意識の中心に**「ハイヤーセルフ（超自己）」**がいます。ハイヤーセルフの基本的な役割は**「調整者」**です。すべてを最適な状態に導こうとする。そのために行っているのが、上・下・横の、3つのコミュニケーションです。

上とは――ハイヤーセルフよりもさらに上のレベル（モンロー・モデルでは「アイゼア・クラスター」）。究極的には「大いなるすべて」）とのコミュニケーション。

下は――自身のインナーセルフとのコミュニケーション。

横は――他のハイヤーセルフとのコミュニケーション。

「セルフ（自我）」「インナーセルフ（自己）」「ハイヤーセルフ（超自己）」の3者は、対等の関係にあります。上下関係はありません。したがって、こちらの世界で何を経験し、何を創造するのかという**ヴィジョン**は、3者合意のもとに決めています。

しかし、3者のコミュニケーションが滞っていると、「実行者」であるセルフは、ヴィジョンを忘れてしまいます。その結果、不安、恐れ、迷いが生じます。

3者がつながり、一体となってコミュニケーションがスムースに流れているとき、「本来の自分」

（トゥルーセルフ）を表現することができます。

しかし、「仲介者」であるインナーセルフのいる潜在意識の中には、記憶と感情によって生み出された、コミュニケーションを阻むさまざまな要因があります。たとえば、執着、囚われ、思い込み、信念、価値観、信条、不安、恐れ、欲望……。

そこで——**「整理」**が必要になります。

潜在意識の「整理」

意図的に**「整理」**という言葉を使っています。

浄化する、掃除する、消去する、解放する、手放す、棚上げする……さまざまな表現がある中で、あえて「整理」を使うのは、「整理」には「消し去る」とか「捨て去る」というニュアンスがないからです。

記憶も感情も、消すことはできません。捨てることもできません。どうやっても、無くなることはないのです。しかし、整理することはできます。整理できれば、振り回されることなく、うまくつきあっていくことができます。

消そうとしたり、捨てようとすると、かえって抑圧意識になったり、影（シャドウ）化して、さらに大きな阻害要因になってしまいます。第4章の体験②で紹介した私の「怒り」の感情がそうでした。影（シャドウ）化し、特定の人物への怒りとして現れていました。私はガイドの手助けを得て、影を抱きしめ、レトリーバルすることで「統合」することができました。

影（シャドウ）化させないためには「統合」すること――具体的には、「認め、受容する」、そして「味わい、学ぶ」というプロセスが必要です。

以下、前章でご紹介したプラユキ・ナラテボー師の『気づきの瞑想を生きる』から引用します。

一般的に瞑想修行において、影の問題に無頓着なまま、「我を捨てよ」「怒りを捨てよ」といったことがことのほか強調されがちである。そのため、「我」や「怒り」を否定しながら瞑想修行を進めていった結果、独善的になり、みずからが否定し、抑圧した怒りを他者に投影し、他者から攻撃を受けているとの妄想に襲われる。あるいは、投影する他者を見つけられずに、自己の内部に無自覚のうちに影を引き受けた場合、その影に自己同一化し、自傷行為に走るか、あるいは、その影からの攻撃にさらされ、鬱になるといったことがしばしば見受けられる。これは、もともと我知らずに抑圧して影化させてしまった怒りを、いったん「私」の中に組み込むという作業を怠った結果である。

……（中略）……

影との具体的な取り組みとしては、瞑想時に心身に生じてくるさまざまなイメージや気分、感情などを、みずからのエネルギーとして認め、体験し、親しみ、そこから学ぶというスタンスを取る。そのような作業を通して、かつて疎外され、敵対してきた影（シャドウ）と和解し、平和的な関係を築けるようになっていくのである。

この作業において、私が大事にしていることは、心身に生じてくるあらゆる現象を明晰に自覚し、感じ尽くし、洞察し、慈しむことである。このときのポイントは、心を大きく開いておくことである。すなわち、最初から「考えてはいけない」「感じてはいけない」「怒ってはいけない」などといった価値判断による構えを作らないということが大事である。

【出典】『気づきの瞑想を生きる』プラユキ・ナラテボー（佼成出版社）

「整理」するものは、すべてです。

良い／悪い、ポジティブ／ネガティブなどと判断して、悪いもの、ネガティブなものだけ整理するのではありません。すべてを整理するのです。

――私は、これを誤解していました。

幸福感、喜び、楽しさ、ワクワクなど、ポジティブと言われる感情は、手放したくありません。だから、整理の対象外にしていました。

しかし、ずっと幸せでいたい、いつもワクワクしていたい……と、こうなると囚われています。執着しています。そうすると、不幸になるのが怖くなります。ワクワクできなくなったらどうしよう、と不安になります。

なので、これも整理する必要があります。

もちろん、幸せを感じていいし、喜び、楽しく、ワクワクしてOK。それを経験し、味わっていい。でも、それに囚われない。執着しない。

以下に、**「整理のプロセス」**をまとめました。私の**「自己流」**です。

①観察し、気づく

常に心の内外の動きを客観的に観察し、今何を整理すべきか、気づいていくこと。気づかなければ、何も始まりません。

②受け容れる

良い／悪いなどと判断しない。無視したり、逃げたり、抑えつけたりしない。「あるがまま」を認め、受け容れる。

③感謝する

そして、「目の前に現れてくれてありがとう」「成長の機会を届けてくれてありがとう」と感謝する。感謝する相手は自分自身、「インナーセルフ（自己）」です。

④味わい、学ぶ

受け容れ、感謝したら、そのときの感情を味わいます。苦い味がするかもしれません。しかし、味わうことで、その現実が表れた意味が分かり、学びが起こります。

⑤手放す

手放すものは「執着」です。記憶や感情そのものではなく、記憶や感情に対する執着を手放します。それによって、収まるところに収まり、整理されます。

⑥耳を傾ける

整理されたら、「インナーセルフ（自己）」とのコミュニケーションがスムースになります。内なる声に耳を傾け、インスピレーションやメッセージを受け取ります。

⑦行動する

受け取ったら、すぐに行動します。直感即行動。行動しなければ、思いは具現化しません。行動に移すことで、こちらの世界での創造は行なわれます。

①～⑦を繰り返します。

理解しただけではダメです。実行すること。トレーニングです。何度も繰り返し練習することで、マスターできます。マスターしてしまえば、あとは簡単。無意識にできるようになります。と言っても、私もこのプロセスを完全にマスターしているわけではありません。まだまだ！今も練習している最中です。

「いつも〝私〟と今ここ」で生きるために

「いつも〝私〟と今ここに」の〝私〟とは、**三位一体の〝私〟**のことです。

「セルフ（自我）」「インナーセルフ（自己）」「ハイヤーセルフ（超自己）」の、三位一体の〝私〟が常につながり、コミュニケーションすることで、こちらの世界で「本来の自分」を表現することができます。そのためには――潜在意識の「整理」が欠かせません。

潜在意識を「整理」する方法として、マインドフルネスがあります。ヨガのトレーニングがあります。ホ・オポノポノのクリーニングがあります。ヘミシンクによる共創瞑想があります。他にもたくさんのメソッドがあります。

これらはすべて、潜在意識の中を「整理」し、3者のコミュニケーションを円滑にするために行っている、と言っても過言ではありません。方法は違っても、目的は同じではないでしょうか。

私は、そう思っています。

前章で、「守破離」をご紹介しました。

私はこれからも、好奇心と直感を大切にして、自分で良いと思ったメソッドは、どんどん取り入れていきたいと思っています。そして、自分に最も適した方法（自己流）を探していきたいと思っています。

誰かに代わりにやってもらうことはできません。自分で実践するものです。

誰かに教えてもらった通りにやったとしても、うまくいくとは限りません。自分にとって一番フィットする方法は、自分で見つけるしかないのです。

「自己流」です。自分勝手な「我流」ではなく、学びながらの謙虚な「自己流」です。

「いつも〝私〟と今ここ」で生きるために――ともに精進していきましょう！

おわりに

最後までお読みいただき、ありがとうございました。

ヘミシンクを使った「共創瞑想」の魅力をお伝えしたい！という思いと、**マインドフルネス**をやんなきゃダメだ！という２つの思いから、本書を執筆させていただきました。

書き終えた今、私自身、改めて「共創瞑想」の面白さと有効性を再認識しています。インナーセルフとともに、ガイドや〝魂〟たちと、ハラハラ・ドキドキ、涙と感動の物語を創っていく。楽しいです。面白いです。そして、飽きない。

「物語を創る」という行為は、ものすごくパワフルなことですね。それを実感しています。ヘミシンクのトレーナーをやっていると、参加者の方々がさまざまな物語を紡ぎ出す様子をリアルタイムに共有することができます。そして、みなさんが癒され、成長していく姿を目にすることができます。素晴らしいです。共有できることに感謝です。

この世で生きていくこと自体、物語を創造していることなのかもしれません。生まれ、育ち、学び、出会い、共にし、働き、老いて、向こうへ帰っていく。喜びや楽しみがあり、悩みや悲しみもある。

プロットを描き、登場人物と共にストーリーを創り出していく。

――この世での、共同創造です。

他人が書いた物語を読むのも面白いですが、たくさんの人たちと共に物語を創り上げていくことができれば、もっともっと楽しいです。

向こうの世界と、こちらの世界の両方で、皆で共に物語を創造していきましょう。

今回は、どんなストーリーを描きましょうか？　――楽しみですね！

執筆する機会を与えていただきました、ハート出版の日高社長、西山さん、木村さん、ありがとうございました。

アクアヴィジョン・アカデミーの坂本政道さん、トレーナーの仲間たち、スタッフの皆さん、いつもありがとうございます。

ヘミシンクのセミナーでご一緒する参加者の皆さん。皆さんのおかげです。

シャンティパットのまさみさん。教室の仲間たち。私の元気の源。感謝です。

日本メンタルヘルス協会、日本トランスパーソナル学会の先生、プラユキ・ナラテボー師、その他たくさんの先達の方々の導きに感謝いたします。
そして、私のインナーセルフさん。ありがとう。アイラブユーです。

この本が、皆さんのお役に立てることを、心から願っています。

「いつも〝私〟と今ここに」

２０１６年１月
芝根秀和

《参考図書・参考情報》

『「気づきの瞑想」を生きる―タイで出家した日本人僧の物語』プラユキ・ナラテボー（佼成出版社）

『脳と瞑想』プラユキ・ナラテボー、篠浦伸禎（サンガ）

『自分を変える気づきの瞑想法【第3版】』アルボムッレ・スマナサーラ（サンガ）

『怒らないこと―役立つ初期仏教法話〈1〉』アルボムッレ・スマナサーラ（サンガ）

『心を整える8つの脳開発プログラム：悩みを生み出す「大脳」と「原始脳」のメカニズム』アルボムッレ・スマナサーラ（サンガ）

『ブッダの幸せの瞑想【第二版】』ティク・ナット・ハン（サンガ）

『日本一わかりやすいマインドフルネス瞑想〝今この瞬間〟に心と身体をつなぐ』松村憲（ＢＡＢジャパン）

『マインドフルネス』バンテ・エ・グナラタナ（サンガ）

『マインドフルネス　ストレス低減法』ジョン・カバットジン（北大路書房）

『呼吸による癒し―実践ヴィパッサナー瞑想』ラリー・ローゼンバーグ（春秋社）

『瞑想する脳科学』永沢 哲（講談社）

『グーグルのマインドフルネス革命―グーグル社員5万人の「10人に1人」が実践する最先端のプラクティス』サンガ編集部（サンガ）

『からっぽ！　10分間瞑想が忙しいココロを楽にする』アンディ・プディコム（辰巳出版）

『日経サイエンス　２０１５年01月号』（日本経済新聞出版社）

『反応しない練習　あらゆる悩みが消えていくブッダの超・合理的な「考え方」』草薙龍瞬（KADOKAWA）

『トランスパーソナルとは何か―自我の確立から超越へ』吉福伸逸（新泉社）

『ユング派のイメージ療法――アクティヴ・イマジネーションの理論と実践』シリーズ（1・無意識と出会う、2・成長する心、3・元型的イメージとの対話）老松克博（トランスビュー）

『ハワイに伝わる癒しの秘法　みんなが幸せになるホ・オポノポノ　神聖なる知能が導く、心の平和のための苦悩の手放し方』イハレアカラ・ヒューレン（徳間書店）
『ウニヒピリ ホ・オポノポノで出会った「ほんとうの自分」』イハレアカラ ヒューレン、KR女史、平良アイリーン（サンマーク出版）
『スピリチュアル・ヨーガ ― からだの中から美しくなる7つの法則』ディーパック チョプラ、デイヴィッド サイモン（角川書店）
『本気の扉』紙やまさみ（シャンティパット）

『死ぬ瞬間 ― 死とその過程について』エリザベス・キューブラー・ロス　中央公論新社）
『「死ぬ瞬間」と死後の生』エリザベス・キューブラー・ロス（中央公論新社）
『ライフ・レッスン』エリザベス・キューブラー・ロス、デヴィッド・ケスラー（角川書店）
『前世療法 ― 米国精神科医が体験した輪廻転生の神秘』ブライアン・ワイス（PHP研究所）
『前世療法② ― 米国精神科医が挑んだ、時を超えた癒し』ブライアン・ワイス（PHP研究所）
『未来世療法―運命は変えられる』ブライアン・ワイス（PHP研究所）
『喜びから人生を生きる！ ― 臨死体験が教えてくれたこと』アニータ・ムアジャーニ（ナチュラルスピリット）
『プルーフ・オブ・ヘヴン ― 脳神経外科医が見た死後の世界』エベン・アレグザンダー（早川書房）

『「体外への旅」 ― 未知世界の探訪はこうして始まった！』ロバート・モンロー（ハート出版）
『魂の体外旅行 ― 体外離脱の科学』ロバート・モンロー（日本教文社）
『究極の旅 ― 最後の冒険』ロバート・モンロー（日本教文社）
『死後探索 1 ― 未知への旅立ち』ブルース・モーエン（ハート出版）
『死後探索 2 ― 魂の救出』ブルース・モーエン（ハート出版）
『死後探索 3 ― 純粋な無条件の愛』ブルース・モーエン（ハート出版）

『死後探索 4 ~人類大進化への旅~』ブルース・モーエン(ハート出版)
『死後探索マニュアル』ブルース・モーエン(ハート出版)
『ロバート・モンロー伝』ロナルド・ラッセル(中央アート出版社)
『全脳革命』ロナルド・ラッセル(ハート出版)
『死後体験―米国モンロー研究所のヘミシンク技術が、死後の世界探訪を可能にした!』坂本政道(ハート出版)
『死後体験Ⅱ―死後世界を超えた 先は宇宙につながっていた!』坂本政道(ハート出版)
『死後体験Ⅲ―宇宙の向こうには、さらに無数の宇宙があった!』坂本政道(ハート出版)
『死後体験Ⅳ―2012人類大転換』坂本政道(ハート出版)
『これならわかる! ヘミシンク入門の入門』坂本政道監修、芝根秀和著(ハート出版)
『超時空体験マニュアル』坂本政道監修、芝根秀和著(ハート出版)
『あきらめない! ヘミシンク』芝根秀和(ハート出版)
『自己流アセンション(あきらめないヘミシンクⅡ)』芝根秀和(ハート出版)
『ヘミシンク完全ガイドブック全6冊合本版』芝根秀和(ハート出版)

日本メンタルヘルス協会 http://www.mental.co.jp/web/
日本トランスパーソナル学会 http://transpersonal.jp/
日本テーラワーダ仏教協会 http://www.j-theravada.net/
プラユキ・ナラテボー師「よき縁ネット」http://blog.goo.ne.jp/yokienn
SITH ホ・オポノポノ™ アジア http://hooponopono-asia.org/
シャンティパット http://shanti-path.com/
ティク・ナット・ハン マインドフルネスの教え http://tnhjapan.org/

《連絡先》

モンロー研究所 The Monroe Institute	365 Roberts Mountain Road Faber, Virginia 22938 (434) 361-1500 URL : https://www.monroeinstitute.org/
アクアヴィジョン・アカデミー セミナー窓口	〒287-0236　千葉県成田市津富浦 1228-3 TEL : 03-3267-6006（月火木金／10:00～17:00） FAX : 03-3267-6013 Email : hemi@aqu-aca.com URL : http://www.aqu-aca.com
CD 販売窓口	TEL : 0476-73-4114（平日／10:00～17:00） FAX : 0476-73-4173 Email : reg@aqu-aca.com URL : http://www.aqu-aca-shop.com/

著者紹介／**芝根秀和** しばねひでかず

アクアヴィジョン・アカデミー公認ヘミシンク・トレーナー（2007年4月〜）

モンロー研究所公認アウトリーチ・ファシリテーター（2009年9月〜）

日本メンタルヘルス協会公認心理カウンセラー（2005年8月〜）

日本トランスパーソナル学会会員（2005年10月〜）


1954年、岡山県生まれ。1980年、北海道大学教育学部（産業教育専攻）卒業。

コンサルティング会社、テレマーケティング会社、フリーランスを経て、1988年、広告代理店系列のPR会社に入社。企業・団体など組織のコーポレートコミュニケーションやマーケティングコミュニケーション、エンプロイーコミュニケーション、組織活性化など、多くのプロジェクトに携わる。1996年から2年間、基幹系・情報系システムの再構築プロジェクトのマネジャーを務め、1998年からはITベースのPR商品やサービス、新規事業の企画・開発をマネージする。

2000年11月、退職、独立。有限会社エル・アイ・ビイ（LIB Ltd.）代表取締役。コミュニケーション・デザイン業務を実施。2004年より心理学（特にトランスパーソナル心理学）の研究を開始。同時にヘミシンクのワークショップに参加し始める。2006年よりヨガ教室（ShantiPath）に通い始める。2011年よりホ・オポノポノのクラスに参加。2014年よりマインドフルネス瞑想を開始。練馬区光が丘在住。

著書:「ヘミシンク完全ガイドブック　Wave Ⅰ〜Ⅵ」「あきらめない！　ヘミシンク」「これならわかる！　ヘミシンク入門の入門」「超時空体験マニュアル」「自己流アセンション（あきらめない！ ヘミシンクⅡ）」「ヘミシンク完全ガイドブック全6冊合本版」（ハート出版）

・トランスパーソナル研究室（http://www.beyond-boundaries-lib.com/）
・ブログ：呉剛環蛇（http://diary.beyond-boundaries-lib.com/）
・コミュニケーション・デザイン（http://www.letitbe.co.jp/）
・フェイスブック（https://www.facebook.com/hidekazu.shibane）

ヘミシンクによるマインドフルネス瞑想

平成28年2月24日　第1刷発行

著　者　芝根　秀和
発行者　日高　裕明
発　行　ハート出版

〒171-0014　東京都豊島区池袋3-9-23
TEL 03-3590-6077　FAX 03-3590-6078
ハート出版ホームページ　http://www.810.co.jp

ISBN978-4-8024-0014-5 C0011　　印刷／中央精版印刷

［芝根秀和の本］

あきらめない！ヘミシンク

コツさえつかめば、あなたも短期間でブレイクできる

「何も見えない」「寝てばかり」
「もしかしたら向いていないかも…」

あきらめるのは、まだ早い！イマジネーションを信じれば、奇跡は起こる。ヘミシンクの落ちこぼれの著者がトレーナーになるまでの間につかんだコツを大公開。これは、ヘミシンクで立ち往生している人たちへの最強の「参考書」でもある。

本体価格：1800円

あきらめない！ヘミシンクⅡ 自己流アセンション

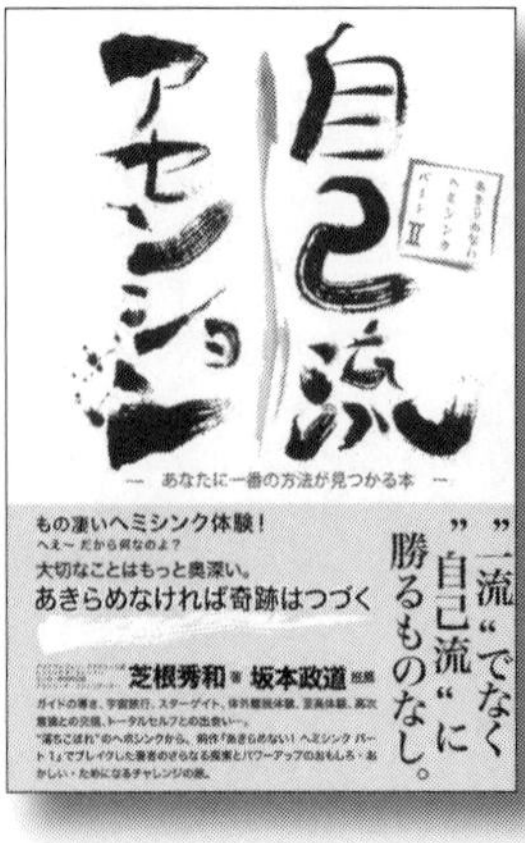

本体価格：1800円

ヘミシンクだけでなく、「トランスパーソナルの心理学、ヨガ、引き寄せの法則、ホ・オポノポノ…」も駆使して、試行錯誤、紆余曲折、涙ぐましい努力の末に、ついに「自己史上最高」の体験と気づきを得た…。ヘミシンクの可能性を知りたい人、ヘミシンク体験をもっと深めたい人、目的を見失いそうになっている人、挫折したけど再チャレンジしたい人、必読！

［坂本政道の本］

ダークサイドとの遭遇

「覚醒」とは何を意味するのか。どういう精神状態に達することなのか。覚醒するには何が必要なのか。解き明かされる「覚醒」のすべて。
本体 1800 円

覚醒への旅路

「覚醒」とは何を意味するのか。どういう精神状態に達することなのか。覚醒するには何が必要なのか。解き明かされる「覚醒」のすべて。
本体 1800 円

あの世はある！

人は死んだらどうなるのか？　誰もが抱く疑問を明確に解き明かす。死は終わりではない。だから死を悲しみ嘆き、怖れることはないのだ。
本体 1500 円

明るい死後世界

恐怖を強調する「あの世」観を一掃する。ヘミシンクを使い実際に垣間見た死後世界は、光あふれる世界だった。
本体 1500 円

ベールを脱いだ日本古代史Ⅰ～Ⅲ

Ⅰは三輪山の龍神から邪馬台国まで　Ⅱは伊勢神宮を中心にした世界Ⅲは出雲大社など　日本古代史の謎と秘密を独自の視点で解く。
本体各 1800 円

死後体験Ⅰ～Ⅳ

ヘミシンクの実体験をもとに、「死後世界」を垣間見る。新しい感動が次々と現れる。「知りたいこと」が手に取るようにわかる４冊。
本体各 1500 円

坂本政道　ピラミッド体験

バシャールが教えたピラミッド実験で古代の叡智が明かされる。
本体 1800 円